Susanne Vössing · Alex Majewski

Immer eine Sünde wert

Kochbuch der Sinnlichkeit

Mit Texten von Peter Laub
Und einem Nachwort von Uta Klotz

UMSCHAU : BRAUS

Die Deutsche Bibliothek – CIP-Einheitsaufnahme

Immer eine Sünde wert: Kochbuch der Sinnlichkeit/
Susanne Vössing; Alex Majewski.-
Neuaufl..- Frankfurt/Main: Umschau Braus, 2001
ISBN 3-8295-6414-7

Gestaltung: die Basis, Wiesbaden
Fotos: Alex Majewski Digital
Rezepte und Foodstyling: Susanne Vössing
Reproduktion: Eichhorn, Frankfurt am Main
Druck und Bindung: Eurolitho, Mailand

Printed in Italy 2001
ISBN 3-8295-6414-7

Besuchen Sie uns im Internet unter:
www.umschau-braus.de

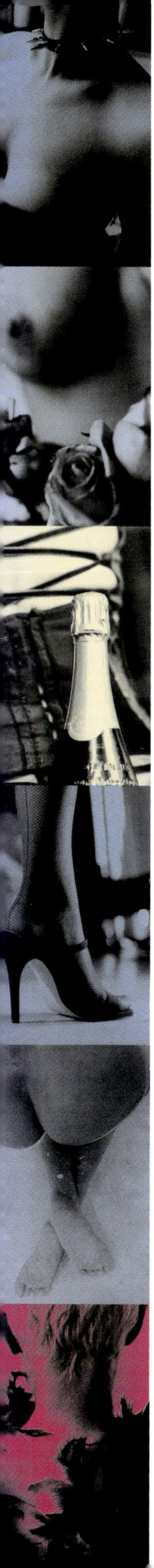

Inhalt

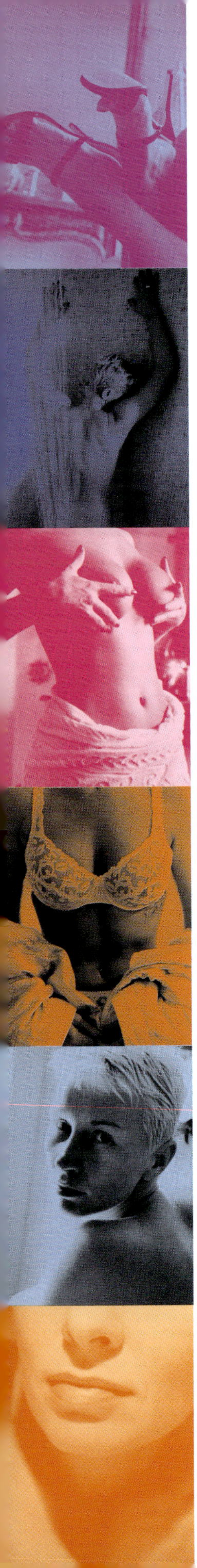

Vorwort

Kaum gibt es zwei zusammengehörigere Elementarkategorien, zwei verwandtere menschliche Basisnormen, wie das Essen und die Erotik, die sich beständig in der Fähigkeit zum Genuss treffen und von dort aus immer wieder auseinander driften: Vorspeise – Hauptspeise – Nachspeise. Jede steht für sich und ist doch unmittelbar auf das Vor- und Nachher bezogen. In Vielfalt und der steten Lust auf Variationen treffen sich die Kunst des Speisens wie die der Erotik ebenso, wie in den zugrunde liegenden biologischen Grundbedingungen des Hungers und der Begierde. Es ist ein Zeichen hochstehender Zivilisationen, dass sie beide nicht an dem Ort, wo sie entstehen, befriedigen. Sie machen vielmehr eine Kultur aus dem Triebverzicht, dem freiwilligen Aufschub, der langsamen Annäherung. Der Lust entspricht der Appetit, das Essen geschieht nicht allein zur Beseitigung des Hungers, sondern ist an Kultur und Genuss gekoppelt, so wie Menschen auch nicht zügellos übereinander herfallen, sondern Rituale der Annäherungen ein- und ausüben ... das gemeinsame Essen gehört ganz gewiss dazu. Und mit der Kunst des Bildes, der Fotografie, zusammengebracht, ergibt das die Rezeptur, aus der die Lebensfreude gekocht wird.

Was aber nun ist das Kochen? Die Vorbereitung auf die Vorbereitung, eine Schule der Langsamkeit, die aus dem gemeinsamen Mahl ein strukturiertes Ereignis werden lässt mit einer entschiedenen Dramaturgie. Und immer ist das leidenschaftliche Kochen ein Geschenk in seiner sinnreichsten und sinnlichsten Form: in Genuss eingepackte Zeit.

Ein Kochbuch der Sinnlichkeit also, in dem die beiden Kategorien des Essens und der Erotik optisch (im Foto) und praktisch (Kochanleitung) zusammengeführt werden, so dass einem wahrlich das Wasser im Munde zusammenläuft. Von Alex Majewski sensibel ins Bild gebracht, posiert die Köchin, eine ausgewiesene Meisterin ihres Faches, selbst vor der Kamera und symbolisiert mit ihrem eigenen Körper, was ihre Rezepte sagen. Mag es um Flüssiges oder um Festes gehen, die Schönheit des weiblichen Körpers weiß immer einen Kommentar, sie macht Appetit und ist doch nur Andeutung, ebenso wie die Rezepturen, für die die knusprige Haut steht.

Die den einzelnen zwölf Kapiteln vorangestellten Texte wollen dieselbe Sprache sprechen wie die Mischung aus Foto und Rezept, als Begleitung und Anreicherung durch das ausgesprochene Wort, den formulierten Gedanken. In ihnen schwingt ebenso das Leichte und Schwere, das Ernste und das Heitere, das Hohe und Niedere, das Sinnliche und das Besinnliche, ebenso wie in der Kunst der Bilder, des Kochens, des Essens und – der Liebe.

Ein Koch-Buch ist aus all diesen Ingredenzien entstanden, das vom Prinzip der Schönheit, der Sinnlichkeit, der physischen Präsenz lebt, ein inspirierendes Buch, das Kochkunst, Bildkunst und Liebeskunst miteinander verbindet wie kein zweites, eigentlich also ein Kunstbuch, das eben eine Anleitung sein will zum Genuss, zur Annäherung an die physische und geistige Sensation des Essens. Ein Buch, das Appetit machen will und Lust macht auf die hohe Kultur des Genusses. Ein Rezept-Buch für Liebende und welche, die es werden wollen?

Peter Laub

Spitz und spießig

Hier finden sich Rezeptideen, die mit Spießen zu tun haben

Wahllos schießt das pummelige Liebesgöttlein seine süßen scharfen Pfeile, spart nicht und hat Spaß dabei, auf die Ahnungslosen, für die es kein Entkommen gibt aus diesem spülenden Regen. Es, das Göttlein, spitzt mit Findigkeit und trifft stets und spontan – speziell ins weiche Fleisch, ins unerweckte. Stachelt und stichelt es und spreizt und reizt es und lacht dabei in ungeschlechtlicher Nacktheit, das Göttlein. Und nie leer wird sein Wunderköcher, bis dass die Körper kochen, und der kleine Schmerz in wollende Lust sich wandelt und die rollende Lust in schmollenden Schmerz, und die Oberflächen der Leiber in diesem tollen Taumel ganz zergehen und ineinander übergehen. Und es hob an ein kribbliges Knabbern, als jeder vom spitzichten Spieße sich speiste und Auskommen fand am

Kaninchen-Paprikaspieß mit Curry-Mayonnaise
4 Pers.

3 Kaninchenkeulen
1 rote, gelbe und grüne Paprika
1 Glas Mayonnaise
1 EL Currypulver
2 EL flüssiger Honig
1/2 TL Cayenne
1 EL getrockneter Thymian
1 Baguette
Olivenöl
Salz und Pfeffer

Zubereitung:
Die Kaninchenkeulen vom Knochen befreien, in gleich große Stücke schneiden, mit Salz und Pfeffer würzen.
Paprika halbieren, Kerngehäuse entfernen und in Stücke schneiden. Kaninchen und Paprikawürfel abwechselnd aufspießen und im Olivenöl anbraten. Im vorgewärmten Backofen bei 150°C ca.6–8 Min. garen, zwischendurch wenden.

Die Mayonnaise mit Curry, Cayenne und Honig vermengen.

Das Baguette in Scheiben schneiden, mit Olivenöl beträufeln, mit Thymian bestreuen und in der Pfanne anbraten.

Die Kaninchenspieße mit Baguettescheiben auf Tellern anrichten, Mayonnaise à part servieren.

Anstelle der Mayonnaise können Sie auch Crème-fraîche verwenden.

Putenleber-Apfelspieß auf Apfel-Meerrettich und Toast
4 Pers.

350 g Putenleber, in gleich große Stücke schneiden
6 Äpfel
20 g frisch geriebener Meerrettich
1/2 TL Vitamin-C-Pulver (im Supermarkt erhältlich)
20 g Butter
6 Scheiben Toast
Apfelessig
Öl
Zucker
Salz und Pfeffer

Zubereitung:
2 Äpfel schälen, in Achtel schneiden und entkernen. Die Apfelstücke mit der Putenleber abwechselnd aufspießen. In einer Pfanne von beiden Seiten anbraten, Butter zugeben, vom Herd ziehen und 5 Min. zugedeckt nachziehen lassen.

Die Spieße erst nach dem Braten mit Salz und Pfeffer würzen.

Die restlichen Äpfel schälen, auf einer Reibe reiben, mit dem Vitamin-C-Pulver, dem geriebenen Meerrettich, Apfelessig, Öl, Zucker Salz und Pfeffer vermengen und abschmecken.

Toastscheiben toasten.

Die Spieße mit dem Apfelmeerrettich auf Tellern anrichten und Toast dazu reichen.

Anstelle von Toast kann man auch frisches Bauernbrot servieren.

Tipp:
Äpfel können auch durch Birnen ersetzt werden.

Spitz und spießig

Kalbsrücken-Basilikum-Spieß
auf Tamarillochutney
4 Pers.

400 g Kalbsrücken, Stück à ca. 100 g
1/2 Bd. Basilikum, abzupfen
500 g Tamarillos, blanchieren, abziehen, in Stücke schneiden
1 Apfel, schälen, entkernen, klein schneiden
1 kleines Stück Ingwer, schälen, klein hacken
1 kleine Zwiebel, schälen, in Würfel schneiden
1 EL Rosinen
3 EL flüssiger Honig
100 ml Apfelessig
1 Msp. Kardamom
1 Msp. Curry
Salz und Pfeffer

Zubereitung:
Den Kalbsrücken in gleich große Stücke schneiden, mit Salz und Pfeffer würzen.

Die Kalbsrückenstücke abwechselnd mit Basilikumblättern aufspießen, in Olivenöl anbraten und im vorgeheizten Backofen bei 150°C 6 Min. garen, zwischendurch wenden.

Essig mit Kardamom, Curry, Honig und Rosinen aufkochen. Apfel, Ingwer, Zwiebel und Tamarillos zugeben. Etwa 30 Min. ohne Deckel leicht kochen lassen, zwischendurch umrühren. Mit Salz und Pfeffer abschmecken.

Wünschen Sie dies ein bisschen schärfer, geben Sie noch etwas Cayennepfeffer dazu.

Beilage:
Dazu können Sie Reis, Risotto (ich weiß, das ist auch Reis, aber in der Zubereitung anders) oder Bratkartoffeln reichen.

Roastbeef-Gurken-Speckspieß auf geschmortem Gurkengemüse
4 Pers.

4 Stück Roastbeef à 100 g, platieren lassen
3 Salatgurken
1 Bd. Schnittlauch, in Stifte schneiden
50 g Butter
8 Scheiben durchwachsener Speck, dünn geschnitten
Salz und Pfeffer

Zubereitung:
Eine Salatgurke der Länge nach mit Hilfe eines Spargelschälers in Streifen schneiden. Die platierten Roastbeefstücke der Länge nach durchschneiden, mit Salz und Pfeffer würzen. Jeweils ein Roastbeefstück mit Gurke und Speck belegen und wellenförmig aufspießen. In Öl von beiden Seiten ca. 3–4 Min. anbraten.

Die anderen zwei Gurken schälen, halbieren, die Kerne entfernen und in Stücke schneiden.

Butter in einem Topf erhitzen, Gurken zugeben und nach ca. 2 Min. Schnittlauch zufügen, mit Salz und Pfeffer würzen und noch weitere 3–4 Min. köcheln lassen.

Die geschmorten Gurken mittig anrichten, die Spieße darauf geben.

Tipp:
Dazu empfehle ich keine Beilage, eher einen spritzigen Weißwein.

Datteln-Speckspieß mit Blutwurst an Cranberry-Orangen-Relish
4 Pers.

24 große Datteln, Kerne entfernen
24 dünne Scheiben Frühstücksspeck
12 Scheiben Blutwurst
280 g Cranberries, waschen, abtropfen
2 Orangen ohne Kerne, schälen
120 g Zucker
1/8 l Rotweinessig
1 mittlere Zwiebel, schälen, vierteln
2 Msp. Cayenne
Salz und Pfeffer
Mehl

Zubereitung:
***Relish:** Die Cranberries mit Orangen und Zwiebel durch eine mittlere Scheibe eines Fleischwolfes drehen, in einem Topf mit Essig, Zucker und Cayenne aufsetzen und auf kleiner Flamme köcheln lassen, bis ein dickliches Mus entsteht. Mit Salz und Pfeffer abschmecken.*

Den Speck um die Datteln wickeln und aufspießen, in einer großen Pfanne goldbraun braten und auf einen Teller geben. Blutwurst in Mehl wenden und in derselben Pfanne braten.

Die Spieße mit Blutwurst und Relish anrichten.

Tipp:
Genau übersetzt heißt Relish: Geschmack, Beigeschmack, Kostprobe, Genuss, Behagen, Würze.
Woher das Relish kommt, ist nicht sicher. Ursprünglich soll es aus Indien stammen, aber bekannt gemacht haben es die Engländer.

Scampi-Aalspieß auf Sauerkraut
4 Pers.

12 große Scampis, Schale und Darm entfernen
400 g frischer Aal, in gleich große Stücke schneiden
12 Kirschtomaten
1 Pck. Sauerkraut (500 g)
1 Lorbeerblatt
2 EL Zucker
1/8 l Weißwein
100 g Butter
Salz und Pfeffer

Zubereitung:
Sauerkraut mit dem Lorbeerblatt, Zucker und Weißwein in einen Topf geben und ca. 15–20 Min. leicht köcheln lassen. Butter zugeben und einrühren, mit Salz und Pfeffer abschmecken.

Scampis, Tomaten und Aal abwechselnd aufspießen, mit Öl einpinseln und mit Salz und Pfeffer würzen.
Auf dem Grill 4–5 Min. garen.

Gemüsespieß in Ingwer-Tempura mit Zitronen-Chili-Sauce
4 Pers.

1 Pck. Tempurateig (in Asia-Shops erhältlich)
20 g frischer Ingwer, geschält und gerieben
1/4 l Zitronensaft
50 g Zucker
1 großes Glas Wasser
1/2 Chilischote ohne Kerne, klein schneiden
1 rote, gelbe und grüne Paprika, vierteln, Kerngehäuse entfernen
Salz und Pfeffer
Öl zum Frittieren
Mondamin zum Abbinden

Zubereitung:
Das Tempuramehl mit Ingwer und Wasser glatt anrühren, mit Salz und Pfeffer würzen.

Die Gemüsestücke abwechselnd aufspießen, durch den Teig ziehen und in der Friteuse bei 200°C frittieren.

Anschließend auf ein Küchenpapiertuch geben und mit Salz würzen.

Zitronensaft mit Chili und Zucker kochen, mit Mondamin abbinden und mit Salz und Pfeffer würzen.

Miesmuschelspieß mit Cumberlandsauce
4 Pers.

48 große gekochte Miesmuscheln
1 Ei, verquirlen
1 EL Kräuter der Provence
8 EL Preiselbeerkompott
4 EL Portwein
1 EL Schalotten, schälen, fein hacken
1 EL geriebene Zitronenschale
1 EL geriebene Orangenschale
Saft von einer Zitrone
1 TL Senf (ich bevorzuge Löwensenf)
1 EL frisch geriebener Ingwer
1 Msp. Cayenne
Salz und Pfeffer

Zubereitung:
Geriebene Zitronen- und Orangenschale, Zitronensaft, Ingwer, Senf und das Preiselbeerkompott mit Portwein, Schalotten und Cayenne in einem kleinen Topf auf kleiner Flamme leicht köcheln und dabei einreduzieren lassen.

Mit Salz und Pfeffer abschmecken.

Die Miesmuscheln in Mehl wenden, durch Ei ziehen und in Paniermehl mit Kräutern der Provence panieren, danach aufspießen und am besten in Olivenöl oder Butterschmalz backen.

Die Spieße mit der Cumberlandsauce servieren.

Jakobsmuschelspieß mit Serrano-Schinken in Schokoladenvinaigrette
4 Pers.

16 frische ausgelöste Jakobsmuscheln
16 dünne Scheiben Serrano-Schinken
3 Birnen, schälen, entkernen, in kleine Würfel schneiden
1 Zweig Rosmarin
80 g Zucker
80 g Schalotten, schälen und in kleine Würfel schneiden
1/8 l Weißwein
1/8 l Balsamessig
1 EL Kakaopulver
1Msp. Cayenne
1Msp. Curry
1 TL Kräuter der Provence
5 EL Olivenöl
Salz und Pfeffer

Zubereitung:
Zucker in einem Topf schmelzen. Rosmarin, Schalotten, Birnen und Weißwein zugeben und 5-7 Min. köcheln lassen.

Essig mit dem Kakaopulver, Cayenne, Curry und den Kräutern der Provence aufkochen, in ein hohes Gefäß füllen und mixen, Olivenöl dabei einlaufen lassen.

Schinken um die Jakobsmuscheln wickeln und aufspießen, leicht einölen und auf dem Grill garen.

Das Birnengemüse auf warmen Tellern anrichten, Spieße darauf verteilen und mit der Vinaigrette vollenden.

Welsspieß mit Aivar und Shiso
4 Pers.

480 g Wels, in 16 gleich große Stücke schneiden
4 EL scharfe Aivarpaste
16 eingelegte rote Shisoblätter (Blätter eines japanischen Pflaumenbaums, frisch oder eingelegt zu kaufen, bitte eingelegt verwenden)
1/4 l frische Sahne (ich benutze auch gerne Sojacreme)
1 EL Honig
Salz und Pfeffer

Zubereitung:
Sauce: *Sahne mit 2 EL Aivarpaste in einem Topf zum Kochen bringen, mit Honig, Salz und Pfeffer abschmecken und mixen.*

Die Shisoblätter nebeneinander auslegen, mit der Aivarpaste bestreichen. Die Welsstücke darauf verteilen und einschlagen, anschließend aufspießen, leicht einölen und auf dem Grill garen. Man kann natürlich auch eine Grillpfanne verwenden.

Rosenkrieg

Rezepte mit Lebensmittel in Rosenform

Still! Gestanden! Fauchende Krallen graben. Blutige Dornen schwören ewigen Hass. Schwerbewaffnete Männer, wandelnden Festungen gleich auf baumlosen Hügeln. Treffen auf weibliche Dickichte, Dschungeln gleich, in denen sumpfige Flüsse sich schlängeln. Eisen fällt hart auf dornenbewehrtes Gesträuch. Verhakt sich in schnaubender maßloser Wut. Himmelwärts aufgerichtete Lanzen schlagen und spalten in zuckender Wehr. So tobt ein wüster Kampf. Ums Bergen, Verbergen und Entbergen. Es ist ein unbändiges Eindringen in fremdes Gelände. Ein ineinander Hineinfressen. Ein Schneisen von Wegen, die hinter dem Kämpfer gleich zuwuchern werden. So liegen die Elemente in ewigem Streite – –

und über allem schwebt nebelnder Rosenduft. Nicht weiß ist der Sieg, noch rot der Verlust. Erfüllt ist die Luft von tosendem Kosen und rasenden, raunenden Küssen, als wollte, als sollte ein Leben gleich danach enden. Gleich nach diesem duftenden Krieg ohne Sieg, im wuchernden, üppig erblühenden Rosengestrüpp.

Matjes auf warmen Apfelscheiben mit Apfelrose

4 Äpfel
4 Matjes
1 EL Honig
1/4 l Cidre
1 Schalotte, schälen und in feine Würfel schneiden
25 g Butter
Öl zum Frittieren von Apfelschalen
Salz und Pfeffer

Zubereitung:
Die Äpfel mit einem Sparschäler rund schälen, so dass man eine lange Apfelschale hat. Die Schale in tiefem Fett frittieren, auf einem Küchentuch abtropfen lassen, zur Rose aufrollen und mit etwas Salz würzen.

Die Äpfel entkernen, in drei gleichmäßig große Stücke schneiden.

In einer großen Pfanne Butter, Honig und Schalotten anschwitzen, die Apfelscheiben dazugeben und anbraten, mit Cidre ablöschen und etwas einköcheln lassen, mit Salz und Pfeffer würzen.

Die Apfelscheiben mit dem Bratensaft auf Tellern anrichten, Matjes darauf legen und mit der Apfelrose dekorieren.

Tipp:
Crème fraîche dazu reichen mit einem schönen frischen Bauernbrot.

Chicoree-Blätterteigblume mit Parmaschinken

1 Pck. fertiger runder Blätterteig
6 Stück dicker Chicoree
6 Scheiben Parmaschinken
1 EL Kräuter der Provence
3 EL flüssiger Honig
1 TL Curry
1/2 TL Cayenne
Salz und Pfeffer

Zubereitung:
Backblech mit Backpapier auslegen.

Honig mit Kräutern der Provence, Curry, Cayenne, Salz und Pfeffer würzen und gut durchrühren.

Chicoreeblätter ablösen und am weißen Ende etwas kürzen, kreisförmig auf dem Blätterteig ausbreiten.

Den Parmaschinken in feine Streifen schneiden und auf der Tarte verteilen. Den angerührten Honig darauf geben und die Tarte für ca. 20 Minuten in den auf 180 °C vorgeheizten Backofen stellen. Der Teig sollte eine schöne hellbraune Farbe annehmen.
Wenn der Honig mit Chicoree im Ofen zu dunkel wird, mit Alupapier abdecken, bis die Backzeit abgeschlossen ist.

Tipp:
Die Tarte mit Salat und einem Glas Riesling servieren.

Gebeizter Lachs mit Kräutern und Rosenblättern

2 Lachsseiten je ca. 500 - 600 g, mit Haut, ohne Gräten
2 EL schwarze Pfefferkörner
6 EL Salz
6 EL. Zucker
1/2 Bd. Dill
1/2 Bd. Estragon
1/2 Bd. Minze
2 Hand voll Rosenblätter, weißes Ende abschneiden
1 abgeriebene Zitronenschale
1 abgeriebene Orangenschale

Zubereitung:
Pfefferkörner mit dem Mörser zerstoßen und mit Salz und Zucker vermengen. Eine Lachsseite mit der Hälfte der Salz-Zuckermischung bestreuen.

Kräuter hacken und mit Rosenblättern sowie der abgeriebenen Zitronen- und Orangenschale vermengen, auf die Lachsseite geben, die Salz-Zuckermischung darauf verteilen und mit der anderen Lachsseite abdecken.

Vorsichtig und eng in Klarsichtfolie einwickeln, auf ein kleines Blech legen, mit einem Schneidebrett abdecken und beschweren. Und ab in den Kühlschrank, ins kälteste Fach, mindestens für 24 oder, besser noch, für 36 Stunden. Nicht tiefkühlen!

Nach dem Beizen die Beize abnehmen und mit einem Küchentuch etwas abreiben. Zum Schluss den Lachs in Scheiben schneiden.

Tipp:
Der Fisch sollte immer frisch sein und nach dem Beizen nicht länger als 2-3 Tage aufbewahrt werden.
Man kann Freunde, Familie oder sonst noch jemanden zum Essen einladen, dann wird der Lachs bestimmt nicht alt!

Mit einem knackigen Salat oder kleinen Butterkartoffeln serviert, wird es zu einem herrlichen Festmahl.

Aber auch mit Crème fraîche und warmem Brot schmeckt es fantastisch und macht wenig Arbeit.

Erdbeer-Filo-Rosen auf Rucolasalat mit geröstetem Sesam

12 dicke feste Erdbeeren, säubern, das Grün abschneiden
3 Blätter Filoteig (griechischer Strudelteig)
2 EL heller Sesam, ohne Fett anrösten
1 Pck. Rucolasalat, waschen und abtropfen
8 EL Balsamessig
4 EL Olivenöl
1 EL Honig
1 TL milder Senf
Olivenöl zum Beträufeln
Salz und Pfeffer

Zubereitung:
Die Filoteigblätter übereinander legen und in 8 gleich große Streifen schneiden.

Jede Erdbeere mit zwei Streifen locker umwickeln, so dass sich eine Blüte daraus entwickelt, diese auf ein Backblech mit Backpapier setzen, mit Olivenöl leicht beträufeln, mit Salz und Pfeffer würzen und für 6–8 Min. in den auf 220°C vorgeheizten Backofen stellen.

Balsamessig mit Honig und Senf glatt rühren, Olivenöl zugeben und mit Pfeffer würzen.

Den Rucolasalat mit Vinaigrette marinieren, auf Tellern anrichten, jeweils drei Filorosen darauf geben und mit Sesam bestreuen.

Artischockenblumen

4 Artischocken
1/8 l Weißwein oder Cidreessig
Salz

Zubereitung:
Den Strunk der Artischocken abbrechen.

In einem großen Topf mit Wasser, Essig und Salz ca.30–35 Min. kochen. Sie sind gar, wenn man die Blätter leicht heraus ziehen kann.

Mit einem Schaumlöffel herausnehmen und auf einem Sieb ca. 2–3 Min. abtropfen lassen. Auf warmen Tellern servieren.

Mit Dip oder Vinaigrette servieren.

Tipp:
Artischockenblumen bieten sich immer als eine schöne und genussvolle Vorspeise an, weil man lange daran essen und sich dabei viel Zeit für die Unterhaltung nehmen kann.

Wichtig! Wenn man am Herzstück angelangt ist, das Artischockenstroh mit einem Messer oder Löffel herausnehmen – es ist zum Verzehr nicht geeignet!

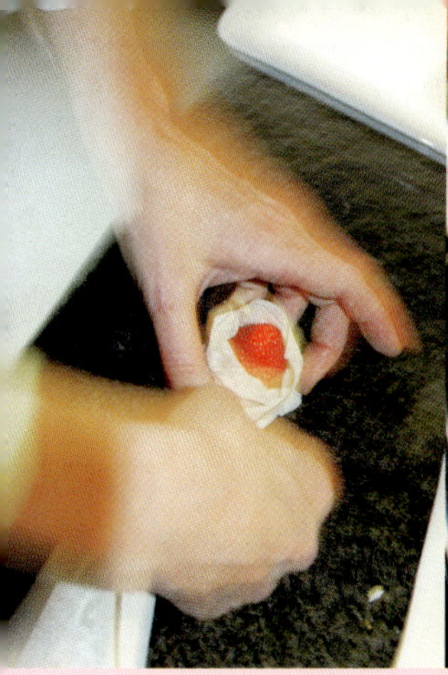

Auberginenrose
auf gebackenem Ziegenkäse

4 dicke Scheiben Ziegenkäse
3 Auberginen, Enden abschneiden
1/2 Bd. Minze, Blätter abzupfen
Olivenöl zum Anbraten
Salz und Pfeffer

Zubereitung:
Die Auberginen der Länge nach in nicht zu dicke Scheiben schneiden, in Olivenöl anbraten und leicht mit Salz und Pfeffer würzen. Aus der Pfanne auf ein Küchentuch legen und wenn sie etwas ausgekühlt sind, 3-4 Scheiben leicht überlappend aneinander legen und zur Rose aufrollen.

Ziegenkäse in heißem Olivenöl von beiden Seiten anbraten und für 3-4 Min. in den auf 160°C vorgeheizten Backofen stellen.

Minze auch in heißem Olivenöl anbraten bzw. frittieren. Auf einem Küchentuch abtropfen lassen.

Den Ziegenkäse mittig auf Tellern anrichten, Minze darauf verteilen und jeweils eine Rose darauf setzen.

Tipp:
Statt der Aubergine kann man auch Zucchini zu Rosen verarbeiten. Es passt hervorragend zu Weißwein wie auch zu Rotwein.

Auberginenrose
auf gebackenem Ziegenkäse

4 dicke Scheiben Ziegenkäse
3 Auberginen, Enden abschneiden
1/2 Bd. Minze, Blätter abzupfen
Olivenöl zum Anbraten
Salz und Pfeffer

Weiß-grüne Spargelblume mit beurre-blanc

1 kg weißer Spargel, schälen, die Enden abschneiden
1 kg grüner Spargel, die Enden großzügig abschneiden
2 Schalotten, schälen und in feine Würfel schneiden
1/4 l Weißwein
1/8 l Sahne
100 g Butter
1 Zitrone, auspressen
2 EL Zucker
Salz und Pfeffer

Zubereitung:

Grünen Spargel im Salzwasser kochen, den weißen im Salzwasser mit Zitronensaft und Zucker.

Schalotten mit Weißwein aufsetzen und reduzieren, bis fast der ganze Wein verkocht ist. Mit Sahne auffüllen und auf 1/3 reduzieren. Butterflocken einrühren und mit Salz und Pfeffer abschmecken.

Den Spargel auf einer großen warmen Platte zur Blume anrichten und beurre-blanc à part servieren.

Tipp:

Wenn Sie ein paar schöne Blumen oder Blumenblätter haben, können Sie den Spargel mit ihnen ausdekorieren, so wird das Gericht zu einem noch größeren optischen Genuss.

Gambas mit Zucchini-Beignets

12 große Gambas, aus der Schale brechen, säubern
1 Pck. Tempurateig (in Asia-Shops erhältlich)
1 Pck. Rucolasalat
12 Zucchiniblüten, Blütenstängel entfernen
12 EL Rosenessig
6 EL Pflanzenöl
1 EL Zucker
Salz und Pfeffer
Öl zum Braten und Frittieren

Zubereitung:

Gambas oben aufschneiden, den Darm entfernen, abwaschen und trocken tupfen.

Mit Salz und Pfeffer würzen und in einer heißen Pfanne in Öl anbraten.

Den Tempurateig nach der Packungsanweisung anrühren.

Zucchiniblüten durch den Teig ziehen und in tiefem Fett frittieren, herausnehmen und auf ein Küchentuch zum Abtropfen legen.
Mit Salz leicht würzen.

Rosenessig mit Zucker und Pflanzenöl vermengen und mit Salz und Pfeffer abschmecken.

Den Salat waschen, abtropfen und mit der Rosenessig-Vinaigrette vermengen.

Den Salat mit Gambas und Beignets auf Tellern anrichten.

Tipp:

Den Tempurateig können Sie auch mit etwas Curry, Kräutern der Provence oder Safran würzen.

Pochierter Kabeljau mit Blütenessig-Vinaigrette

4 Kabeljaufilets à 100 g (Mittelstück)
1/4 l Weißwein
1 Lorbeerblatt
1/2 Zitrone, in Scheiben schneiden
1/2 Orange, in Scheiben schneiden
1/2 Lollo rosso
1/2 Lollo biondo
Salz und Pfeffer
12 EL Lindenblütenessig
4 EL Pflanzenöl
1 EL Honig
3 Orangen, filitieren

Zubereitung:

Fisch mit Salz und Pfeffer würzen, Weißwein mit Lorbeerblatt, Zitrone und Orange aufsetzen. Fisch in den kochenden Sud einlegen und auf kleiner Flamme zugedeckt 7-8 Min. garen.

Essig mit Honig und Öl vermengen und mit Salz und Pfeffer abschmecken.

Den Salat putzen, waschen, abtropfen und mit der Vinaigrette marinieren.

Den Salat auf Tellern anrichten, Fisch aus dem Sud nehmen und vorsichtig auf die Teller verteilen. Mit Orangenfilets ausdekorieren.

Tipp:

Ich verwende immer viele Kräuter in meinen Salaten z. B. Minze, Kerbel, Petersilie, Estragon usw.
Versuchen Sie einmal, auch einen Salat nur aus Kräutern zusammenzustellen.

Blüten-Wan-Tang-Körbchen mit marinierten Lammfilets

24 Wan-tang-Blätter (in Asia-Shops erhältlich)
12 Stiefmütterchen
6 Lammfilets, Sehnen entfernen
1/4 l Rotwein
1 Gewürznelke
1 Lorbeerblatt
1/2 Orange, in kleine Stücke schneiden
1/2 Zitrone, in kleine Stücke schneiden
1/4 Zimtstange
1/8 l Rotwein
80 g Zucker
Löwenzahnsalat oder Frisee
12 EL Holunderblütenessig
4 EL Pflanzenöl
1 EL süßer Senf
Salz und Pfeffer

Zubereitung:

***Marinade für Lammfilets:** Rotwein, Lorbeerblatt, Gewürznelke, Zucker, Zimt, Orange und Zitrone in einem Topf aufkochen und 5 Min. leicht köcheln lassen. Von der Herdplatte nehmen und 15 Min. etwas auskühlen lassen.*

Die Lammfilets mit Salz und Pfeffer würzen und in Öl anbraten. Anschließend in die Marinade geben und 1 Stunde ziehen lassen.

Wan-Tang-Blätter einölen, Stiefmütterchen auf die Hälfte der Blätter verteilen und mit den anderen Blättern versetzt abdecken. Wan-Tang-Blätter in eine geölte Muffinform geben und im Backofen bei 220°C ca. 4-5 Min. backen, bis die Blätter goldgelbe Farbe annehmen.

Essig mit Senf verrühren, Öl einarbeiten und mit Pfeffer würzen.

Den Salat putzen, waschen und abtropfen, mit der Vinaigrette marinieren und auf Tellern anrichten. Die Wan-Tang-Körbchen darauf setzen, Lammfilets aufschneiden und die Körbchen damit füllen.

Tipp:

Wan-tang werden normalerweise in größeren Packungen angeboten. Einen aufgetauten Wan-tang kann man, in Klarsichtfolie eingepackt, einige Tage lang im Kühlschrank aufbewahren, oder man legt ihn in kleineren Mengen abgepackt ins Tiefkühlfach.

Verbindung

S p a g e t t i, schnelle und ausgefallene Rezepte

Was für ein lustiges Teil die Nudel doch ist! So vielfältig an Form und Inhalt und dabei doch immer irgendwie gleich oder ähnlich. Hart und spröde, trocken, zerbrechlich, wandelt sie sich in der schäumenden Hitze in ein weiches, feucht-flitschig-flutschiges Etwas, das sich so köstlich durch die geschürzten Lippen ziehen lässt, wird größer und voller, reift gewissermaßen durch das Wasser heran, hat Biss am Ende und rollt doch wie eine Gummiflocke über Zunge und Gaumen. Ist für sich dabei wenig, erst die Sauce erfüllt sie und macht sie tauglich zum Zweck. So ist's denn ein Schlupfen und Saugen, ein schlabberndes Schlecken und Schmecken, bis die Nudel mit ihrer Sauce ... und: sich verbindet im Mund.

Spagetti mit Rucolasalat und Nüssen
4 Pers.

500 g Spagetti
1 Pck. Rucolasalat, putzen, waschen, abtropfen
100 g Haselnüsse, grob hacken
3 Schalotten, schälen und in Würfel schneiden
10 EL Olivenöl
Salz und Pfeffer

Zubereitung:
Die Schalotten in Olivenöl anschwitzen, Nüsse und Rucola zugeben, mit Salz und Pfeffer abschmecken.

Spagetti al dente kochen, abgießen und zu den Schalotten geben. Alles zusammen kräftig durchschwenken und auf vorgewärmten Tellern anrichten.

Orangen-Safran-Spagetti mit Parmaschinken
4 Pers.

500 g Spagetti
1 l Orangensaft
Prise Safranfäden
3 Orangen, schälen und filitieren
3 Schalotten, schälen und in feine Würfel schneiden
1/2 Bd. Basilikum, Blätter abzupfen
8 EL Olivenöl
8 Scheiben Parmaschinken
Salz und Pfeffer

Zubereitung:
Spagetti in 1/2 l Salzwasser, Orangensaft und Safran al dente kochen.

Schalotten in Olivenöl anschwitzen, die Orangenfilets zugeben und mit Salz und Pfeffer abschmecken. Anschließend mit Basilikum verfeinern.

Die Spagetti zu den Schalotten geben und durchschwenken.

Aus dem Parmaschinken Rosen formen, indem man zwei Scheiben Schinken aneinander legt und zur Rose aufdreht.

Die Spagetti auf vorgewärmten Tellern anrichten und mit den Rosen garnieren.

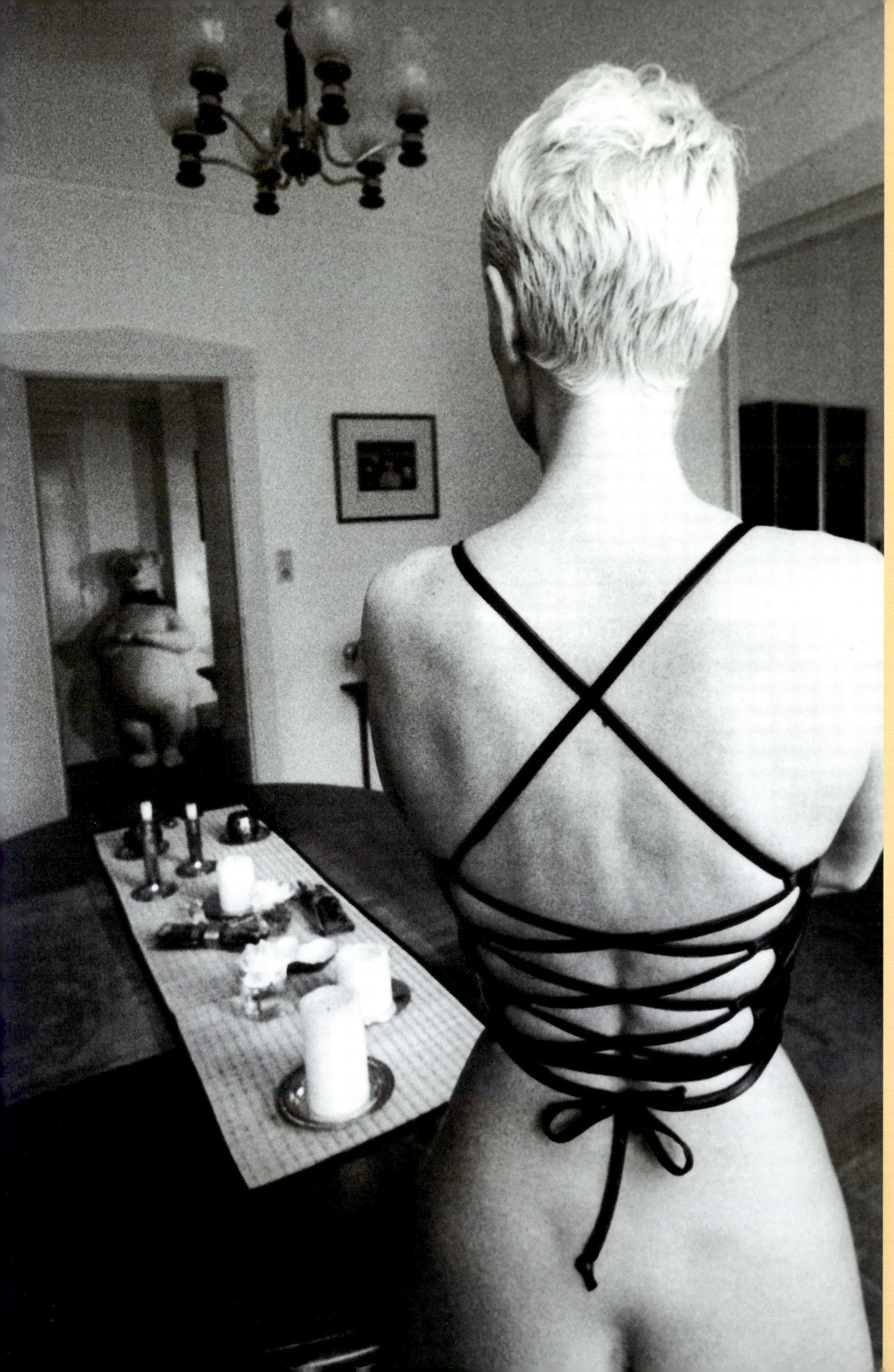

Schwarze Nudeln mit Gorgonzolasauce und getrockneten Tomaten
4 Pers.

1 Pck. schwarze Nudeln
200 g milder Gorgonzola-Käse
1/4 l Sahne
1/8 l Milch
1 Bd. flache Petersilie, waschen und Blätter abzupfen
1 Hand voll getrocknete Tomaten, in kleine Würfel schneiden
Salz und Pfeffer

Zubereitung:
Käse mit der Sahne und Milch langsam aufkochen und mixen.
Petersilie und Tomaten zugeben und mit Salz und Pfeffer abschmecken.

Die Nudeln kochen und auf ein Sieb gießen.
Anschließend auf warmen Tellern anrichten und mit der Sauce servieren.

Schwarze Spagetti mit Grünen-Tomaten-Minze-Chutney
4 Pers.

1 Pck. schwarze Spagetti
200 g Zwiebeln, schälen und in kleine Würfel schneiden
200 g Äpfel, schälen, Kerngehäuse entfernen, in Würfel schneiden
150 g grüne Tomaten, waschen, in Würfel schneiden
150 g Minze, abzupfen
200 g Rosinen, klein hacken
1 TL Salz
1 TL Senf
1/4 l Weißweinessig
200 g Zucker
1/8 l Riesling
1 Msp. Chilipulver
50 g frisch geriebener Parmesan

Zubereitung:

Alle Zutaten, außer den Spagetti und Parmesan, in einen Topf geben und auf kleiner Flamme ca. 30-40 Min. einkochen, mit Salz und Pfeffer abschmecken.

Spagetti in Salzwasser al dente kochen, auf ein Sieb schütten, mit einer großen Fleischgabel aufdrehen und auf warmen Tellern anrichten.

Parmesankäse und Chutney leicht darüber verteilen.

Tipp:

Wenn Sie keine Minze mögen, können Sie diese durch Estragon oder Basilikum ersetzen.

Spagetti mit Blüten-Bärlauch-Pesto
4 Pers.

500 g Spagetti
1 Hand voll Blüten oder Blütenblätter
120 g Pinienkerne
15 g Salz
140 g Bärlauch
100 g flache Petersilie
200 g geriebener Parmesan
1/4 l Olivenöl (man kann auch etwas mehr Öl nehmen)
1 Knoblauchzehe, schälen

Zubereitung:
Pesto: *alle Zutaten, also Blüten, Pinienkerne, Salz, Bärlauch, Petersilie, Parmesan, Olivenöl und Knoblauch in einen großen Mixer geben und mixen.*

Die Spagetti in Salzwasser kochen und abgießen, auf warmen Tellern anrichten und mit Pesto servieren.

Tipp:
Man kann das Pesto in einer großen Pfanne mit den Spagetti nochmals kurz erhitzen, das verleiht dem Gericht einen noch intensiveren Geschmack.

Schön ist es auch, die Teller mit ein paar Blüten auszudekorieren.

… zum Anbeißen – Fisch

Enthält Fischrezepte

War einmal ein Mann, der von weit her, na eben geschäftlich und so. Und der nach langer Reise, na klar, also essen wollte er was. Wir beschlossen uns in ein Restaurant, und wir, ja er hatte viel zu besprechen, und er sprach eigentlich ohne Unterbrechung, sprach er, bestellte sich Fisch, während er sprach. Bestellte also Fisch. Und der Fisch kam dann freilich auch auf den Tisch, und während des Essens sprach er, vielmehr aß er während des Sprechens. Essen und Sprechen waren eins, und er verspeiste seine Rede und versprach den Fisch, und unversehens hatte er ihn aufgesprochen, weggeredet, ganz und gar, mit Haut und Kopf und Schuppe, nicht eine Gräte war mehr da. Nicht eine einzige! Von Beilagen ganz abgesehen. Nahm dann den Teller in beide Hände und leckte ihn ab, dass er so aussah, als wär er nie benutzt worden, der Teller. Und als er es eben so weit gebracht hatte, war auch seine Rede zu Ende. Er sah auf, wischte sich mit dem Handrücken kurz über den Mund, den nunmehr geschlossenen, und sprach: »Gut«, wobei er im Unklaren ließ, ob damit Fisch oder Rede gemeint war.

Seehecht in Kräutersahne
4 Pers.

4 Seehechte, küchenfertig, à 120–140 g
1/4 l Weißwein
50 g Butter
1 Becher Sahne
2 Pck. Tiefkühlkräuter (Achtermischung)
2 EL Essigessenz
1 EL Zucker
5 Schalotten, schälen, in kleine Würfel schneiden
2 Limetten, halbieren, auf der Schnittseite anbraten
Salz und Pfeffer

Zubereitung:
Eine große Auflaufform mit Butter einfetten, und die restliche Butter in der Form lassen.

Den Fisch abwaschen, abtrocknen, mit Salz und Pfeffer würzen, in die Form geben, mit Weißwein aufgießen und mit Alufolie abgedeckt im vorgeheizten Backofen bei 220°C ca. 20–25 Min. garen.

Sahne mit der Essigessenz, Schalotten, Kräutern und Zucker verrühren, bis sie dicklich geworden ist. Mit Salz und Pfeffer abschmecken.

Den Seehecht auf warmen Tellern anrichten und mit der Sahnesauce begießen.

Tipp:
Servieren Sie zu diesem Gericht am besten Salzkartoffeln oder getoastete Brioche. Anstelle von Sahne verwende ich auch gerne Sojacreme (im Reformhaus erhältlich).

Lotte in Rote-Bete-Marinade auf Portulak
4 Pers.

480 g Lotte, in 4 Stücke schneiden
1/2 l kräftigen Rotwein
1/4 l Rotweinessig
1 Lorbeerblatt
1 Zweig Thymian
1 Zweig Rosmarin
1 Schalotte, mit Schale achteln
1 Orange, mit Schale achteln
1 Zitrone, mit Schale vierteln
50 g Butter
800 g Portulak, putzen, waschen, abtropfen lassen
2 EL Zucker
Salz und Pfeffer

Zubereitung:
Rotwein mit dem Rotweinessig, Lorbeerblatt, Thymian, Rosmarin, Schalotte, Orange, Zitrone, Zucker, Salz und Pfeffer aufsetzen und 15 Min. kochen lassen.

Lotte mit Salz und Pfeffer würzen, in Öl anbraten, in eine Schüssel geben.

Die heiße Marinade darauf gießen und für 12 Stunden in den Kühlschrank stellen.

Den Portulak in Butter mit Salz und Pfeffer, wie Spinat, zubereiten.

Die marinierte Lotte aufschneiden und auf dem Portulak anrichten.

Tipp:
Es gibt Sommer- und Winterportulak. Die vitamin- und mineralstoffreichen, zartfleischigen Blätter können Sie in Salaten, Suppen oder als Spinat verarbeiten.

Als Spinat schätze ich ihn am meisten.

Bachsaibling mit Stampfkartoffeln und Salzkraut
4 Pers.

4 Bachsaiblingfilets
400 g Salzkraut
8 dicke Kartoffeln, schälen und vierteln
1/4 l Sahne
3 EL Hagebuttenmarmelade
1 Msp Cayenne
1/2 TL Curry
Salz und Pfeffer

Zubereitung:
Kartoffeln im Salzwasser kochen, abgießen und mit einem Kartoffelstampfer zerdrücken.

Salzkraut im Salzwasser blanchieren und zu den Kartoffeln geben, mit Salz und Pfeffer abschmecken.

Bachsaiblingfilets würzen und in Öl von beiden Seiten ca. 2–3 Min. anbraten.

Die Hagebuttenmarmelade mit Sahne, Cayenne, Curry aufsetzen und 4–5 Min. köcheln lassen.

Anschließend mit Salz und Pfeffer abschmecken und mixen.

Tipp:
Salzkraut, auch Glasschmalz genannt, wird oft für Meeresalge gehalten, ist aber eine reine Gemüsepflanze, in Küstengebieten heimisch und dort gesammelt.

Als Alternative zu Salzkraut können Sie auch Brunnenkresse nehmen – diese aber nur waschen, abtropfen, klein schneiden und unter die Kartoffeln geben.

mille-feuille vom Thunfischtatar
4 Pers.

400 g frischer Thunfisch, in feine Würfel schneiden
1 dicke Sellerieknolle, schälen und in dünne Scheiben schneiden
1 Becher Crème-fraîche
1 Bd. flache Petersilie, Blätter abzupfen
1 Bd. Kerbel, fein hacken
1 Msp. Cayenne
Salz und Pfeffer
Öl zum Frittieren

Zubereitung:
Die Sellerieknolle mit einem großem Messer schälen und auf der Brotmaschine in dünne Scheiben schneiden.

Die Scheiben in heißem Öl frittieren, auf ein Küchenpapier geben, abtropfen lassen und erst kurz vor dem Servieren salzen.

Thunfisch mit Crème-fraîche, Petersilie und Kerbel vermengen und mit Salz, Pfeffer und Cayenne abschmecken.

Sellerie und Tatar immer im Wechsel übereinander geben, so dass ein Türmchen entsteht.

Tipp:
Anstelle von Thunfisch können Sie auch Lachs oder Matjes nehmen.

Räucherlachsrose im Schmorapfel in Orangen-Senfbutter
4 Pers.

320 g Räucherlachs (80 g pro Portion)
2 dicke Äpfel, halbieren, Kerngehäuse entfernen
1/2 l Orangensaft
1 EL gekörnten Senf
145 g Butter
2 EL Zucker
Saft von 1 Zitrone
Salz und Pfeffer

Zubereitung:

Die Apfelhälften in eine Auflaufform setzen, mit etwas Wasser angießen, Zucker und 20 g Butter darauf verteilen.
Im vorgeheizten Backofen ca. 15 Min. bei 180°C backen.

Orangensaft mit Senf aufsetzen und auf 1/3 einkochen, den Zitronensaft zugeben und die restliche Butter in kleinen Stücken einrühren. Mit Salz und Pfeffer abschmecken.

Die Räucherlachsscheiben aneinander legen und zur Rose aufrollen.

Die Äpfelhälften auf warmen Tellern anrichten, die Sauce darum verteilen und die Lachsrosen in die Mitte der Äpfel setzen.

Das ist eins meiner Lieblingsrezepte!!!!

Dorade grise in Salzkruste mit Orangen-Chilisauce
4 Pers.

4 kleine Doraden, küchenfertig
Saft von einer Zitrone
2 Zweige Thymian, abzupfen
1 Knoblauchkopf, halbieren und zerpflücken
2 Schalotten, schälen und klein schneiden
4 Lorbeerblätter
4 kg Meersalz (nur feuchtes kaufen und hierfür verwenden)
Saft von 4 Orangen
4 EL Weißweinessig
2 EL Honig
1/2 rote Chilischote, ohne Kerne
Mondamin zum Abbinden
Salz und Pfeffer

Zubereitung:
Doraden mit Thymian, Knoblauch, Schalotten und Lorbeerblatt füllen und mit Zitronensaft beträufeln.
Die Hälfte des Salzes in eine große Auflaufform geben, die Doraden darauf betten, mit dem restlichen Salz bedecken und fest andrücken.
In den auf 250°C vorgeheizten Backofen für ca. 30–35 Min. geben.

Orangensauce: *den Orangensaft mit Chili aufsetzen, auf die Hälfte reduzieren, Honig und Essig zugeben, mit etwas angerührtem Mondamin abbinden und mit Salz und Pfeffer abschmecken.*

Die Doraden würde ich immer in der Form servieren und die Kruste erst am Tisch aufschlagen, das hat dann diesen schönen OH....... und AH....... Effekt, also genau das, was wir uns alle wünschen......

Tipp:
Die Orangensauce ist eine Variante der uns allen bekannten ... na was wohl???? – der Süß-Sauer-Sauce und lässt sich auch noch weiter variieren, z. B. mit Limetten, Zitronen, Pampelmusen, Karottensaft usw.

Scholle auf warmen Kirschtomaten und Glücksklee
4 Pers.

8 Schollenhälften
1 Pck. gelbe Kirschtomaten, halbieren
1 Pck. rote Kirschtomaten, halbieren
1 Bd. Schnittlauch, in Stifte schneiden
50 g Butter
100 g Glücksklee, Wiesenklee oder Waldsauerklee
50 g Kürbiskerne, in der Pfanne ohne Fett rösten
2 Schalotten, schälen und in kleine Würfel schneiden
4 EL Balsamessig
1–1/2 EL Kürbiskernöl
1 EL Zucker
Salz und Pfeffer
etwas Mehl

Zubereitung:
Die Butter schmelzen, Schalotten zugeben und andünsten, Tomaten zufügen und mit Zucker, Salz und Pfeffer abschmecken.
Nach 2–3 Min. Schnittlauch zugeben, kurz angehen lassen und von der Herdplatte nehmen.

Eine Vinaigrette aus Balsamessig, Kürbiskernöl, Salz und Pfeffer herstellen.

Klee großzügig vom Stiel abzupfen und nach dem Waschen und Trocknen mit der Vinaigrette marinieren.

Scholle mit Salz und Pfeffer würzen, in Mehl wenden und in einer großen Pfanne in Öl anbraten.

Die gebratene Scholle auf Kirschtomaten anrichten, Kürbiskerne darauf verteilen und mit Klee garnieren.

Tipp:
Der Glücksklee eignet sich hervorragend für Salate und Suppen.
Als Ersatz für den Glücksklee kann man auch Waldsauerklee oder Wiesenklee verwenden.

Wenn Sie Lust haben, sähen Sie Ihren Glücksklee selber. Viel Spaß!!!

Zander auf Kiwanorisotto und Blüten
4 Pers.

4 Zanderfilets à 120 g
3 Kiwanos, (auch Hornmelone genannt)
1 Schalotte, schälen und in feine Würfel schneiden
30 g Butter
200 g Risottoreis (Rundkornreis)
400 ml Geflügelbrühe
1 TL Zucker
1 Bd. Basilikum, Blätter abzupfen
1 Hand voll Blüten (Duftveilchen, Gartennelke oder Ringelblume)
Salz und Pfeffer
Öl zum Frittieren

Zubereitung:

Die Schalottenwürfel in einem Topf in Butter anschwitzen, Reis zugeben, mit Brühe aufgießen, mit Salz und Pfeffer würzen und aufkochen.

Den Topf von der Herdplatte nehmen, mit einem Tuch und Deckel abdecken und 20 Min. ziehen lassen.

2 Kiwanos halbieren, das Fruchtfleisch mit einem Löffel herauslösen und zum fertigen Risotto geben, mit Salz und Pfeffer nachschmecken. Aus der dritten Kiwano auch das Fruchtfleisch lösen, aus Weißweinessig und Olivenöl Vinaigrette herstellen und mit Zucker, Salz und Pfeffer abschmecken.

Den Zander würzen und in Öl anbraten. Die Basilikumblätter in heißem Öl frittieren, auf ein Küchenpapier geben und salzen. Zander auf dem Risotto anrichten, Vinaigrette darum geben und mit frittierten Basilikumblättern und Blüten dekorieren.

Tipp:

Anstelle der Kiwano können Sie auch Passionsfrüchte nehmen.
Ich dekoriere gerne Gerichte mit Blüten. Außer den oben genannten, verwende ich noch mit Vorliebe Gartenwicke, Lavendel, Rosen, Stiefmütterchen, Borretsch und Kornblumen.
Bei Blüten, die mit der Nahrung in Berührung kommen oder selber zum Verzehr gedacht sind, achten Sie darauf, dass sie ohne Pestizide oder andere chemische Hilfsmittel kultiviert worden sind. Verwenden Sie nur Blüten aus einer verlässlichen Quelle oder am besten aus Ihrem eigenen Garten.

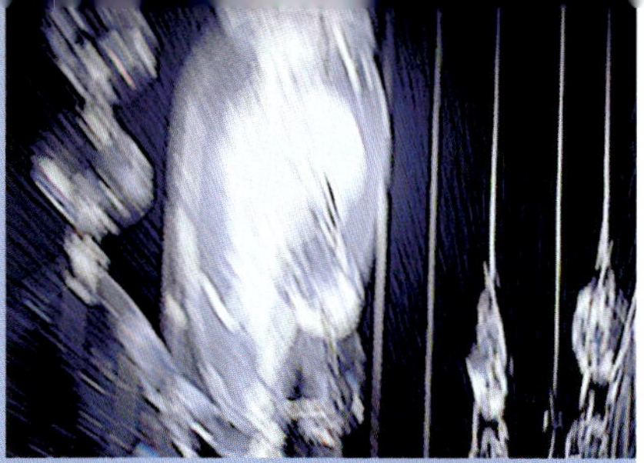

Kabeljau aus dem Ofen mit Honigsenf
4 Pers.

1,2 kg Schwanzstück Kabeljau
2 EL Dijonsenf (Honigsenf)
1 Limette, halbieren
100 g Butter
1/2 Bd. Dill, abzupfen
1/2 Bd. Estragon, abzupfen
1/2 Bd. Minze, abzupfen
50 g Semmelbrösel
1/4 l Fischfond oder Weißwein
Salz und Pfeffer

Zubereitung:
Das Schwanzstück schuppen, waschen, abtropfen und auf beiden Seiten mit einem Messer einritzen. Mit Salz und Pfeffer würzen.

In einer Auflaufform mit der Limette anbraten, vom Herd nehmen. Kräuter und Fischfond zugeben, Semmelbrösel und Butter über den Fisch verteilen. Mit Alupapier abdecken und im vorgeheizten Backofen bei 220 °C 20–25 Min. garen.

Nach 15 Min. die Folie entfernen, damit er noch etwas leicht bräunt. Anschließend in der Form am Tisch servieren und aufteilen.

Tipp:
Servieren Sie den Fisch mit der sog. Nussbutter, also gebräunter Butter, die so lange erhitzt wird, bis sie kleine braune Punkte bekommt und dadurch einen nussigen Beigeschmack erhält.

Frittierte Ährenfische
4 Pers.

1 kg frische Ährenfische
1/4 l Milch
1–2 Hand voll Mehl
Öl zum Frittieren
Salz

Zubereitung:
Ährenfische waschen und abtropfen. Milch in eine Schüssel geben und salzen. Fische in der Salz-Milch baden, herausnehmen und in Mehl wenden. In ein Sieb geben und abklopfen, um das überschüssige Mehl zu entfernen.

In einer Friteuse oder in tiefem Fett bei 180–190 °C 2 Min. backen. Immer in kleinen Mengen frittieren, damit alle richtig knusprig werden und das Fett nicht überläuft. Anschließend auf Küchenpapier legen, damit das Fett abtropfen kann.

Auf einer warmen Platte oder Tellern anrichten und einen leicht pikanten Dip dazu reichen.

Tipp für einen Dip:
Ein kleines Glas Majo in eine Schüssel geben und mit einem Teelöffel Currypulver, einer Messerspitze Cayenne, zwei Esslöffeln Honig und etwas frisch gemahlenem Pfeffer vermengen und ca. 20 Min. ziehen lassen.

Zum Anbeißen Fisch

Enthält Fischrezepte

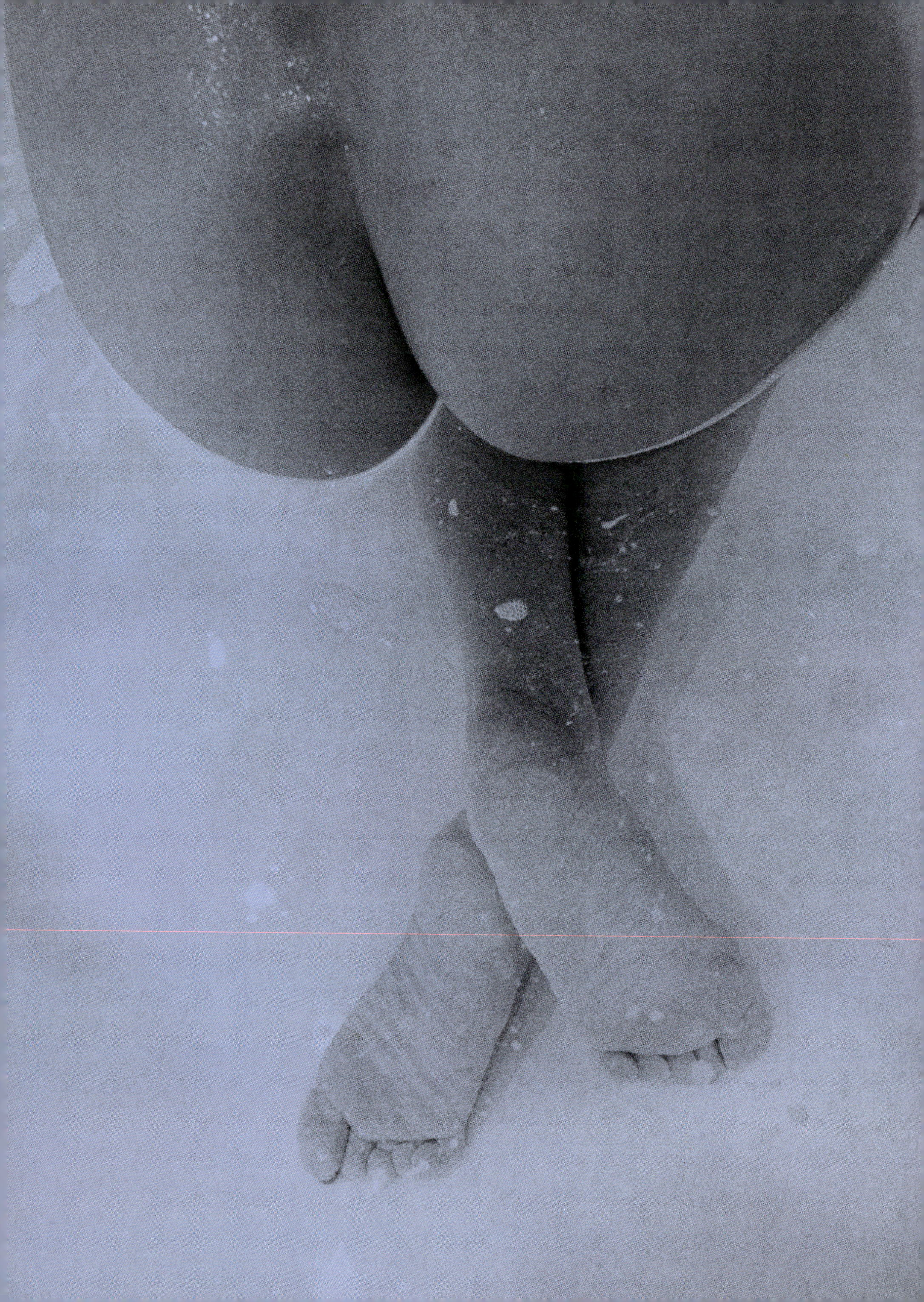

A la nage

G e r i c h t e, die im Sud zubereitet werden

Die Evolution hat den Menschen aus dem Wasser entlassen, um an ihn die unstillbare Sehnsucht nach Wasser zu knüpfen. Wasser ist die urgründige Mutter, die gerecht nährende, die Göttin des Lebens. Schwimmend ist der Mensch in seinem Element.

Und wie die Wasseroberfläche das Trockene vom Nassen, die Krume das Schwere vom Leichten trennt, so scheidet die Haut des Menschen das Innere vom Äußeren. Jedes Durchdringen dieser Grenzen, jedes Einfahren in das andere Element ist ein substantieller Vorgang, dem etwas Neues entwächst. So saugen sich die Elemente ineinander auf, empfangen einander in ewigem Wirbel, befruchten sich und gebären neue Bausteine für die Ordnung der Welt, fluten ineinander und ebben auseinander ...

Das ist nichts weiter als blanke Chemie. Doch elementar und unendlich wahr, und endet nie.

Hähnchenbrust mit Schnecken à la nage
4 Pers.

4 Hähnchenbrüste
1 kleine Dose Schnecken, auf ein Sieb schütten und abwaschen
100 g Karotten, schälen und in dünne Scheiben schneiden
100 g Zwiebeln, schälen und in dünne Scheiben schneiden
1 Knoblauchzehe, zerdrücken
1 Zweig frischer Thymian
1/2 Zweig frischer Rosmarin
1 Lorbeerblatt
1 l Weißwein
1/2 l Wasser
4 cl Chartreuse
Salz und Pfeffer

Zubereitung:
Alle Zutaten mit Ausnahme der Hähnchenbrust und der Schnecken in einen großen Topf geben, aufkochen und 20 Min. ziehen lassen.

Mit Salz und Pfeffer abschmecken und auskühlen lassen.

Die Hähnchenbrust mit Salz und Pfeffer würzen, in den ausgekühlten Sud geben, langsam aufkochen lassen und 8–10 Min. auf kleiner Flamme kochen. Zum Schluss die Schnecken zufügen.

Auf vorgewärmten Tellern anrichten.

Tipp:
Wenn Sie keine Schnecken mögen, können Sie sie auch weglassen oder durch Crevetten ersetzen.

Kaninchen in Orangen-Curry-Nage
4 Pers.

4 Kaninchenkeulen
100 g Karotten, schälen und in dünne Scheiben schneiden
100 g Zwiebeln, schälen und in dünne Scheiben schneiden
1/2 Zweig Thymian
1/2 Zweig Rosmarin
1 Lorbeerblatt
1l Orangensaft
1/2 l Weißwein
1EL Currypulver
1 Msp. Cayenne
Salz und Pfeffer

Zubereitung:
Kaninchenkeulen salzen und pfeffern. Das Kaninchenfleisch und alle Zutaten in einen Topf geben, langsam aufkochen und 20 Min. ziehen lassen.

Mit Salz und Pfeffer abschmecken und auskühlen lassen.

Nach dem Auskühlen wieder erhitzen und noch 10–15 Min. köcheln lassen.

Auf vorgewärmten Tellern servieren.

Tipp:
Eventuell mit etwas Honig abrunden.

Seezungenfilets mit Safran
in Paprika-Nage
4 Pers.

12 Seezungenfilets
1 Prise Safranfäden
1 gelbe, rote und grüne Paprika, entkernen und in Streifen schneiden
50 g Karotten, schälen und in dünne Scheiben schneiden
100 g Zwiebeln, schälen und in dünne Scheiben schneiden
1 Knoblauchzehe, zerdrücken
1 Lorbeerblatt
1 Zweig Rosmarin
1/2 l Fischfond
1/2 l Wasser
1/2 l Weißwein
Salz und Pfeffer

Zubereitung:
Alle Zutaten außer der Seezunge in einen großen Topf geben, aufkochen und 20 Min. ziehen lassen.

Mit Salz und Pfeffer würzen und auskühlen lassen.

Die mit Salz und Pfeffer gewürzte Seezunge in den ausgekühlten Sud geben, langsam aufkochen und 2–3 Min. ziehen lassen.

Auf vorgewärmten Tellern anrichten.

Tipp:
Statt Seezunge können Sie auch Schollenfilets nehmen. Da Schollen aber nicht so festes Fleisch haben, sollte man sie nur 2–3 Min. im Sud ziehen lassen und nicht kochen.

Zanderfilet in Rote-Bete-Nage
4 Pers.

8 Zanderfilets à 60 g, 2 Stück pro Person
100 g Karotten, schälen und in dünne Scheiben schneiden
100 g Zwiebeln, schälen und in dünne Scheiben schneiden
50 g Schalotten, schälen und in dünne Scheiben schneiden
1 Knoblauchzehe, zerdrücken
1 Zweig Thymian
1 Lorbeerblatt
1/2 l Wasser
1/2 l Rotwein
1/2 l Rote-Bete-Saft
6 cl Rotweinessig
2 EL Zucker
Salz und Pfeffer

Zubereitung:
Alle Zutaten außer dem Fisch in einen großen Topf geben, aufkochen und 20 Min. ziehen lassen.

Mit Salz und Pfeffer abschmecken und auskühlen lassen.

Den Fisch mit Salz und Pfeffer würzen und in den ausgekühlten Sud geben, auf kleiner Flamme aufkochen und 2-3 Min. leicht köcheln lassen.

In tiefen vorgewärmten Tellern servieren.

Tipp:
Dieses Rezept können Sie auch mit anderem festen Fisch zubereiten.

Reichen Sie Brot und Crème-fraîche dazu.

Gambas mit Zitronengras à la nage
4 Pers.

24 große rohe Gambas, aus der Schale schälen und den Darm ziehen
8 Stangen vom Zitronengras
100 g Karotten, schälen und in dünne Scheiben schneiden
100 g rote Zwiebeln, schälen und in dünne Scheiben schneiden
1 Knoblauchzehe, zerdrücken
1 Zweig Thymian
1 Lorbeerblatt
1/2 l Fischfond
1/2 l Wasser
1/2 l Weißwein
2 cl Noilly Prat
Salz und Pfeffer

Zubereitung:
Alle Zutaten außer den Gambas und dem Zitronengras in einen breiten Topf geben, aufkochen und 20 Min. ziehen lassen.

Mit Salz und Pfeffer abschmecken und auskühlen lassen.

Jeweils 3 Gambas auf eine Zitronengrasstange aufspießen, mit Salz und Pfeffer würzen. Den Sud mit den Gambasspießen langsam erhitzen, ca. 3-4 Min. ziehen lassen, aber nicht kochen. Mit Salz und Pfeffer nachschmecken.

Auf angewärmten Tellern anrichten.

Tipp:
Den Darm der Gambas können Sie entfernen, indem Sie am Schwanzende (oben) einen kleinen Längsschnitt machen und mit einem kleinen Messer den Darm ziehen. Wenn das nicht geht, dann schneiden Sie die Gambas der Länge nach und waschen Sie den Darm aus.

Krokodilfilet mit
Tomaten und Chili à la nage
4 Pers.

4 Krokodilfilets à 120 g
4 dicke Tomaten, blanchieren, abziehen, vierteln, entkernen und in kleine Würfel schneiden
1 Chilischote, halbieren, Kerne entfernen, klein schneiden
3 Lorbeerblätter
1 Zweig Thymian
100 g Karotten, schälen, in dünne Scheiben schneiden
100 g Zwiebeln, schälen, in dünne Scheiben schneiden
1/4 l Fischfond (auch Gemüsefond möglich)
1/4 l Wasser
1/4 l Weißwein
Salz und Pfeffer

Zubereitung:
Alle Zutaten außer den Krokodilfilets und Tomaten in einen Topf geben, aufkochen und 20 Min. ziehen lassen.

Mit Salz und Pfeffer würzen und auskühlen lassen.

Die Krokodilfilets salzen und pfeffern, in den ausgekühlten Sud geben und langsam erhitzen, Tomaten zufügen und weitere 3–4 Min. leicht köcheln lassen.

Auf warmen tiefen Tellern anrichten.

Tipp:
Das Krokodilfleisch, das man in Deutschland kaufen kann, stammt aus der Zucht, da die frei lebenden Krokodile dem Artenschutzgesetz unterliegen.

Hummer in Champagner-Nage
mit Thymian-Croûtons
4 Pers.

2 Hummer
100 g Karotten, schälen, in dünne Scheiben schneiden
100 g Schalotten, schälen, in dünne Scheiben schneiden
1 Lorbeerblatt
1 Zweig Thymian
1 Flasche Champagner
2 cl Marc de Champagne
1/2 Baguette
1 Glas Mayonnaise
1/2 TL Curry
1/3 TL Cayenne
1 TL Paprikapulver
2 EL Honig
Olivenöl
Salz, Pfeffer

Hummervorbereitung:
Hummer in kochendes Salzwasser geben, 6 Minuten garen, herausnehmen, auf ein Sieb geben und leicht auskühlen lassen.

Anschließend die Scheren abbrechen, mit einen kleinen Hammer oder einem großen kräftigen Messer anschlagen, das Fleisch aus der Schale lösen, den Hummerschwanz vom Kopf trennen, der Länge nach halbieren, den Darm entfernen und unter kaltem Wasser abwaschen.

Zubereitung:
Champagner, Karotten, Schalotten, Thymianzweig und Lorbeerblatt in einen großen Topf geben, aufkochen und 20 Min. ziehen lassen. Mit Salz und Pfeffer abschmecken und auskühlen lassen.

Hummer in den kalten Sud setzen und langsam heiß werden lassen, ohne dass der Sud kocht. Zum Schluss den Marc de Champagne zufügen und nachschmecken.

Mayonnaise mit Cayenne, Curry, Paprika und Honig vermengen und als Dipp reichen.

Das Baguette schräg aufschneiden und in einer großen Pfanne in Olivenöl mit Thymian anbraten.

Tipp:
Ich koche gerne den Champagnersud mit einer ausgekratzten Vanilleschote und Marc de Champagne.

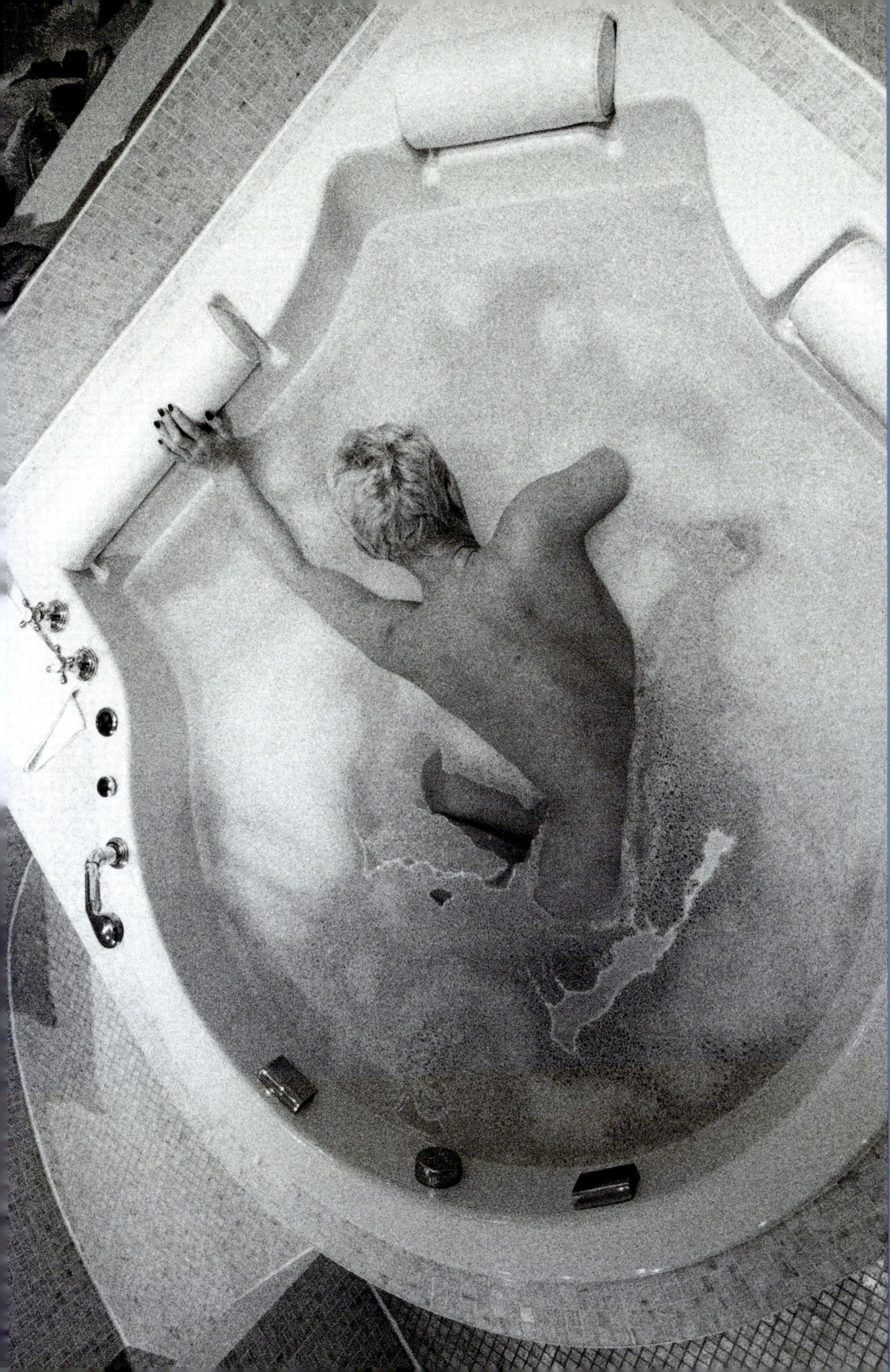

A la Nage

Gerichte, die im Sud zubereitet werden

Federn lassen

Rezepte mit G e f l ü g e l bzw. E i e r n

Leicht und behende gleitet die fein behaarte Feder, löst da, wo die Nerven zusammenfließen, ein kleines Zittern aus und dort, wo sie auseinanderdriften, ein wohliges Zusammenziehen, hält an dieser Stelle einen Flügelschlag lang inne, fährt in milder Kühle dann fort, erreicht frische, hüglige, sanft geschwungene Regionen, die sich Schatten spenden lassen von ihr, erklimmt steil ragende Höhen, in denen gar noch die Luft lächelnd sich kräuselt, von dort hinab schwebt sie in hochumwandete Täler, verliert ein wenig sich in waldigen Schluchten, durchrauscht von strömenden Bächen, treibt in unentdeckte Gefilde, die ihr Geheimnis nicht preisgeben, in weglose Forste, verirrt, verheddert sich in strüppigen Gebieten und findet von ferne die fruchtbare Küste, wo in zärtlich schwappender Welle die Elemente einander liebend berühren, lässt alles dort noch einmal wohlig vibrieren, fliegt dann, die flaumige Feder, aufs linde sich regende Wasser und lässt, leise dort schwimmend, sich tragen, einer neuen Ahnung entgegen.

So ist es, ja so, wenn wir die Feder einmal wirklich lassen.

Rührei mit Blutwurst und Backpflaumen
1 Portion

3 Eier
3 EL Crème-fraîche
50 g Blutwurst, Haut entfernen, in kleine Stücke schneiden
30 g Backpflaumen ohne Kerne, in kleine Stücke schneiden
4 cl roter Portwein
20 g Butter
Salz und Pfeffer

Zubereitung:

Die Backpflaumen für ca. 1/2 Stunde in den Portwein einlegen.

Eier mit Crème-fraîche vermengen, mit Salz und Pfeffer würzen.

Butter in einer Pfanne erhitzen, die Blutwurst zugeben und leicht anbraten, Backpflaumen beifügen und etwas anschwitzen, mit der Eiermasse auffüllen und bei mittlerer Hitze garen. Zwischendurch mit einem Holzlöffel umrühren.

Ei im Förmchen mit Steinpilzen und Gänsestopfleber
4 Pers.

4 große Eier
200 g Steinpilze, säubern und in Würfel schneiden
160 g Gänsestopfleber, in 4 Stücke schneiden
2 cl Cognac
2 cl Portwein
1/4 l Sahne
Salz und Pfeffer
4 große Souffléförmchen
Wasserbad mit heißem Wasser

Zubereitung:

Die Gänsestopfleber in einer heißen Pfanne ohne Fett von beiden Seiten anbraten, herausnehmen und auf ein Küchenpapier legen.

In der gleichen Pfanne die Steinpilze goldbraun anbraten und mit Salz und Pfeffer würzen. Auf ein Sieb zum Abtropfen schütten.

Sahne mit dem Cognac und Portwein aufsetzen, mit Salz und Pfeffer würzen und leicht einreduzieren lassen.

Die Steinpilze in die Förmchen verteilen und Stopfleber darauf setzen. Eier aufschlagen und jeweils ein Ei ins Förmchen geben. Mit Sahne auffüllen und mit einem Deckel oder Alufolie abgedeckt auf dem Herd im Wasserbad 7–9 Min. garen.

Tipp:

Steinpilze lassen sich gut durch andere Pilze ersetzen. Auch anstelle der Gänsestopfleber können Sie andere Innereien verwenden.

Federn lassen

Rezepte mit Geflügel bzw. Eiern

Entenbrust mit Mais-Curry-Risotto
4 Pers.

4 Entenbrüste à ca. 160–180 g
1 kleine Dose Mais
2 EL Currypulver
100 g Risottoreis
200 ml Geflügelbrühe
1 Schalotte, schälen und in feine Würfel schneiden
10 g Butter
100 ml Weißweinessig
50 ml Olivenöl
1 EL Kürbiskernöl
2 EL Honig
Salz und Pfeffer

Zubereitung:

Risotto: *Schalotte in Butter anschwitzen, Reis zugeben und glasig werden lassen. 1 EL Currypulver, etwas Salz und Pfeffer zugeben, mit der Brühe auffüllen und aufkochen lassen. Mit einem Deckel schließen, von der Herdplatte wegstellen, und ca. 20–25 Min. ziehen lassen. Zum Schluss den abgetropften Mais zugeben, mit Salz und Pfeffer nach Geschmack würzen und gut durchrühren.*

Vinaigrette: *Weißweinessig mit Honig und 1 EL Currypulver erhitzen, einmal aufkochen lassen, in einen Messbecher schütten, mit einem Stabmixer mixen und währenddessen Öl langsam einlaufen lassen. Mit Salz und Pfeffer abschmecken.*

Entenbrüste: *Entenbrüste auf der Fettseite einritzen, mit Salz und Pfeffer würzen. In einer Pfanne mit Öl auf der Hautseite knusprig anbraten, dann wenden.*

Nach ca. 2 Min. auf einem Blech im vorgeheizten Backofen bei 150°C 5–7 Min. ziehen lassen, zwischendurch wenden.

Risotto mit Hilfe eines Ausstechers mittig anrichten, Vinaigrette darum geben, die Entenbrust aufschneiden und auf dem Risotto servieren.

Tipp:
Die Entenbrust vor dem Aufschneiden 1 Min. ruhen lassen, so verliert sie nicht ihren Fleischsaft.

Fasanenbrust mit Parmaschinken
4 Pers.

4 Fasanenbrüste
8 Scheiben Parmaschinken
3 dicke Kartoffeln, schälen und in nussgroße Würfel schneiden
3 dicke Karotten, schälen und in nussgroße Würfel schneiden
1 große Zwiebel, schälen und in feine Würfel schneiden
2 Zweige frischer Thymian
1/2 l Geflügelbrühe
1/8 l Sahne
20 g Butter
Salz und Pfeffer
Mondamin zum Abbinden
4 große weiße Champignonköpfe
4 Blätter Blattgold

Zubereitung:
Die Butter zerlassen, Zwiebel dazugeben und anschwitzen, Kartoffeln und Karotten zufügen, mit Geflügelbrühe aufgießen, Thymian beigeben und ca. 15 Min. köcheln lassen. Anschließend mit Sahne auffüllen und noch weitere 5 Min. kochen lassen, bis die Sahne leicht sämig ist. Möchte man es lieber dickflüssiger, dann mit angerührtem Mondamin binden. Mit Salz und Pfeffer abschmecken.

Die Fasanenbrüste in Parmaschinken einschlagen (und nicht würzen, da der Schinken salzig genug ist). In einer Pfanne mit etwas Öl anbraten und im vorgeheizten Backofen bei 160 °C 7–9 Min. ziehen lasen, von Zeit zur Zeit wenden.

Den Stiel von den Champignons ausbrechen, die Haut abziehen, in etwas Öl anbraten. Anschließend auf einem Küchenpapier abtropfen, das Blattgold (die einzelnen Blätter) darüber geben und lauwarm auf der Fasanenbrust servieren.

Tipp:
Der Parmaschinken lässt sich gut durch durchwachsenen Speck oder Bauernschinken ersetzen. Statt der Fasanenbrust können Sie auch Rebhuhnbrust verwenden, aber verkürzen Sie dann die Garzeit auf 4–5 Min.

Hähnchenbrust auf Austernpilzen mit Roquefortsauce
4 Pers.

4 Hähnchenbrüste
400 g Austernpilze, halbieren
1 Bd. flache Petersilie, zupfen
2 Schalotten, schälen und in Würfel schneiden
100 g Roquefort-Käse
1/4 l Sahne
30 g Butter
Salz und Pfeffer

Zubereitung:

Hähnchenbrüste: *Die Hähnchenbrüste mit Salz und Pfeffer würzen und in einer Pfanne mit Öl so lange anbraten, bis sie eine schöne Farbe angenommen haben, dann herausnehmen und auf einen Teller geben.*

Austernpilze in der Pfanne von den Brüstchen mit den Schalotten scharf anbraten, nach ca. 3–4 Min. Petersilie zufügen und mit Salz und Pfeffer würzen.

Die Brüstchen zusammen mit dem Fleischsaft wieder in die Pfanne geben und zugedeckt auf kleiner Flamme 4–5 Min. ziehen lassen.

Roquefortsauce: *Sahne mit Käse aufsetzen und leicht köcheln lassen, nach ca.2–3 Min. mixen und eventuell mit Pfeffer nachschmecken.*

Pilze mittig auf vorgewärmte Teller geben, die Brüste darauf anrichten und mit etwas Sauce nappieren.

Tipp:
Anstelle der Hähnchenbrust passt auch anderes Geflügel.

Rührei mit Gambas
1 Portion

3 Eier
5 rohe Gambas ohne Schale
3 EL Sahne oder Crème-fraîche
2 EL frischen Koriander, fein hacken
20 g Butter
Salz und Pfeffer

Zubereitung:

Gambas halbieren, den Darm herausspülen und auf ein Sieb geben.

Eier in eine Schüssel geben, mit Sahne und Koriander kräftig vermengen, mit Salz und Pfeffer würzen und die Gambas zufügen.

Butter in einer Pfanne erhitzen, die Eiermasse zugeben und auf mittlerer Hitze garen, zwischendurch mit einem Holzlöffel durchrühren.

Perlhuhnbrust mit Ziegenkäsekruste
4 Pers.

4 Perlhuhnbrüste
160 g Ziegenkäse
2 Eigelb
2 cl weißer Portwein
1 EL Kräuter der Provence
6 mittelgroße Zucchini
1 TL frische Thymianblätter
Salz und Pfeffer
Öl zum Braten

Zubereitung:
Ziegenkäse zerkleinern, mit Portwein, Kräutern der Provence und Eigelb vermengen. Die Perlhuhnbrüste mit Salz und Pfeffer würzen und von beiden Seiten anbraten. Mit der Hautseite auf ein Blech legen, die Käsemasse darauf verteilen und im vorgeheizten Backofen bei 180°C 10–12 Min. garen.

Zucchinigemüse: *Zucchini waschen, trocken reiben und in Scheiben schneiden. In einer großen Pfanne in Olivenöl anbraten, Thymianblätter zufügen und nach Geschmack salzen und pfeffern. Wer es noch schärfer und aromatischer haben möchte, kann auch etwas Knoblauch zugeben.*

Tipp:
Anstelle von Zucchinigemüse können Sie auch Kaiserschoten, Kenia-Bohnen oder Kohlrabi dazu servieren. Auch die Perlhuhnbrust lässt sich gut durch Lammrücken ersetzen, dann sollten Sie jedoch die Garzeit auf 6–8 Min. verkürzen.

Rührei mit Fisch und Vanille
1 Portion

3 Eier
80 g Fisch, z. B. Lachs, Zander, Glattbutt oder Kabeljau usw.
1 Vanillestange, auskratzen
3 EL Crème-fraîche
20 g Butter
Salz und Pfeffer

Zubereitung:
Eier mit Crème-fraîche und Vanillemark in einer Schüssel kräftig vermengen, mit Salz und Pfeffer würzen.

Butter in einer Pfanne erhitzen, den Fisch in kleine Stücke schneiden und zugeben, leicht anbraten, die Eiermasse darüber verteilen und unter Rühren bei mittlerer Hitze garen.

Tipp:
Anstelle von Fisch eignen sich für dieses Gericht hervorragend auch Jakobsmuscheln oder Hummer.

Ei im Förmchen auf Rotwein-Schalotten und Parmesan
4 Pers.

4 große Eier
150 g Schalotten, schälen und in feine Würfel schneiden
3 EL Zucker
20 g Butter
1/4 l Sahne
1/2 kräftiger Rotwein
3 EL feines Paniermehl
3 EL fein geriebener Parmesan
1 Zweig Thymian
1 Lorbeerblatt
1 Koblauchzehe, schälen und fein hacken
Salz und Pfeffer
4 große Souffléförmchen, ausbuttern
Wasserbad mit heißem Wasser

Zubereitung:
Schalotten in Butter anbraten, Zucker, Thymian, Lorbeerblatt und Knoblauch zugeben und leicht karamellisieren lassen. Mit Rotwein auffüllen und so lange kochen, bis der Rotwein vollständig verkocht ist. Den Thymianzweig und das Lorbeerblatt entfernen.

Die Sahne mit Salz und Pfeffer würzen, zum Kochen bringen und etwas reduzieren lassen.

Die Schalotten in Förmchen aufteilen, Eier aufschlagen und jeweils eins ins Förmchen setzen.

Mit Sahne aufgießen und ins Wasserbad stellen. Mit einem Deckel oder Alufolie abgedeckt ca.8 Min. bei mittlerer Hitze garen.

Parmesan mit dem Paniermehl vermengen, auf die Förmchen geben und im Backofen gratinieren.

Tipp:
Wenn man auf diese Mischung noch Olivenöl oder Butter gibt, bekommt man eine schöne Kruste.

Ei im Förmchen mit Lachs
4 Pers.

4 große Eier
200 g frischer Lachs, in feine Würfel schneiden
1/4 l Sahne
1 Pck. tiefgekühlte Kräuter (Achtermischung)
Salz und Pfeffer
4 große Souffléförmchen, ausbuttern
Wasserbad mit heißem Wasser

Zubereitung:
Die Sahne zum Kochen bringen, leicht mit Salz und Pfeffer würzen und etwas einreduzieren lassen, anschließend Kräuter zugeben.

Lachs mit Salz und Pfeffer würzen und in den Förmchen aufteilen. Eier aufschlagen und über den Lachs gießen.

Die Kräutersauce in Förmchen aufteilen und ins Wasserbad stellen. Mit einem Deckel oder Alufolie abdecken und auf dem Herd bei mittlerer Hitze 7-9 Min. garen.

Tipp:
Servieren Sie dazu Toast oder geröstetes Baguette. Wenn Sie dem Gebäck eine pikante Note verleihen möchten, parfümieren Sie es mit Knoblauch oder Thymian.

Federn lassen

Rezepte mit Geflügel bzw. Eiern

Immer eine Sünde wert

Beschäftigt sich mit Trüffelgerichten

Heimlich und einsam wächst die verbotene Frucht, in summernder Ruhe, tief drunten im Humus der Erde, tief in der Feuchte des lichtlosen Waldes, tief, im Dunkel des Bodens, tief drinnen ...

Man möchte ein Schwein sein und rüsseln in den Trüffeln, versenken die schwellende, gierige Nase in dieses Irdische, Schwärzliche, Wertvolle, Weiche, ja möchte sich selbst ganz hineinstecken, verschwinden darin. So groß ist die Gier, die Sehnsucht nach dem Seltenen, Unentdecktem, im Verborgenen Sporenden ...

Als hätte Natur dem Wunderbaren die Eigenschaft des Seltenen zuzufügen gehabt, um es emporzuheben aus der Fülle in den Glanz schwer zu findender Einmaligkeit, worin ein wenig Dämonie liegt, etwas Umwittertes, Umwölktes, Schweres, wie es nur den Tiefen der Erde entstammen kann.

Kartoffelpuffer mit Crème fraîche und Trüffeln
4 Pers.

250 g Kartoffeln
1 Zwiebel
1 Ei
1 Becher Crème-fraîche
30 g frische Trüffeln
Salz und Pfeffer
Öl zum Braten

Zubereitung:
Kartoffeln und Zwiebel schälen und auf einer Kartoffelreibe reiben, Ei zugeben, mit Salz und Pfeffer würzen.

Die Puffer in einer Pfanne mit heißem Öl knusprig braten. Nach dem Braten auf Küchenpapier abtropfen lassen.

Die Kartoffelpuffer auf die Teller verteilen, Crème-fraîche darauf geben und die gewaschenen Trüffeln über die Puffer hobeln.

Tipp:
Anstelle von frischen Trüffeln kann man auch eingelegte benutzen, diese allerdings besser mit einem Messer dünn aufschneiden.

Wer aber keine Trüffeln mag, kann Kartoffelpuffer auch mit Kaviar (bzw. Forellenkaviar) oder mit mariniertem oder geräuchertem Lachs zubereiten.

Lauch mit Trüffeln in Süß-Saurer Sauce
4 Pers.

500 g dünne Lauchstangen
50 g Butter
50 g Zucker
1/8 l Blanchierwasser vom Lauch
2 cl roter Portwein
4 cl Rotweinessig
30 g frische oder eingelegte Trüffeln
Salz und Pfeffer

Zubereitung:
Lauch waschen, das untere Ende abschneiden, in Salzwasser blanchieren und wenn möglich, 2-3 Stunden auf einem Sieb abtropfen lassen.

Butter mit Zucker in einem Bräter oder einer ofenfesten Form karamellisieren, mit Lauchblanchierwasser, Portwein und Essig aufgießen und mit Salz und Pfeffer würzen.

Die Lauchstangen in die Form geben und im vorgeheizten Backofen bei 180°C 35-40 Min. garen.

Auf einer vorgeheizten Platte oder in der Backofenform servieren, erst dann Trüffeln darüber hobeln.

Tipp:
Wenn man eingelegte Trüffeln verwendet, kann man sie mit in den Backofen geben. Sie sollen aber im Sud liegen, sonst können sie schnell verbrennen.

Ein Glas Portwein und kräftiges Brot passen hervorragend dazu.

Beschäftigt sich mit Trüffelgerichten

Trüffeleis

4 Pers.

1 l Milch

50 g Trüffel in feine

Würfel schneiden

8 Eigelb

250 g Zucker

weißen Portwein

Trüffeleis
4 Pers.

1 l Milch
30 g Trüffel, in feine Würfel schneiden
6 Eigelb
200 g Zucker
2 cl weißen Portwein

Zubereitung:
Milch mit Trüffeln zum Kochen bringen und 15 Min. ziehen lassen.
Eigelb mit Zucker und Portwein schaumig rühren, Milch zugeben und auf dem Wasserbad oder direkt auf Flamme zur Rose abrühren, d. h. mit einem Holzlöffel die Milch-Eiermasse auf kleiner Flamme in Bewegung halten. Die Masse ist gut, wenn Sie auf dem Holzlöffel eine Rose blasen können.

Die Masse kalt schlagen und in der Eismaschine abrühren.

Tipp:
Wenn Sie unter die kalte Masse 1/2 l geschlagene Sahne geben, können Sie die Masse als Parfait einfrieren.

Trüffelkrapfen in Schweineschmalz gebacken
4–6 Pers.

150 g gesiebtes Mehl
1/2 l Wasser
1 1/2 TL Salz
100 g Butter
5 Eier
1 EL Zucker
20 g eingelegte gehackte Trüffeln
Schweineschmalz zum Frittieren

Zubereitung:
Wasser mit Salz, Zucker und Butter in einem großen Topf aufsetzen und zum Kochen bringen. Wenn die Butter geschmolzen ist, Mehl zugeben und mit einem Holzlöffel kräftig unterrühren, bis sich ein Kloß im Topf gebildet hat.

Den Kloß im Topf abbrennen, d. h. ihn so lange kochen lassen, bis am Topfboden eine Schicht entstanden ist. Den Kloß in eine Schüssel geben und Trüffelwürfel mit Eiern nach und nach unterarbeiten.

Schweineschmalz in einem hohen Topf erhitzen, den Teig mit einem Löffel abstechen und vorsichtig in heißes Fett gleiten lassen, ca. 2–3 Min. knusprig backen, mit einem Schaumlöffel herausnehmen und auf einem Küchenpapier abtropfen lassen.

Tipp:
Die Krapfen kann man als Beilage zu einem Ragout, Braten oder gebratenem Fisch reichen.

Sie schmecken auch vorzüglich zu grünem Salat.

Die Trüffel kann man auch durch Rosinen, Backpflaumen (das mag ich am liebsten) ersetzen.

Tatar mit Trüffeln und Kräutern
4–6 Pers.

500 g Tatar
30 g eingelegte gehackte Trüffel
2 EL gehackter Estragon, Kerbel, Schnittlauch
4 EL gehackte flache Petersilie
1 EL gehackte Minze
1 EL Dijonsenf
2 EL Zitronensaft
2 EL Crème-fraîche
2 EL Olivenöl
2 cl Portwein weiß
Salz, Pfeffer und Cayenne

Zubereitung:
Senf mit dem Zitronensaft, Crème-fraîche, Olivenöl und Portwein verrühren. Kräuter und Tatar zugeben, alles gut vermengen und mit Salz, Pfeffer und Cayenne abschmecken.

Tipp:
Das Tatar wird in Frankreich mit selbstgemachten Pommes frites serviert oder zu Bratkartoffeln mit viel Zwiebeln und Speck gereicht.

Bandnudeln in Trüffelbutter
4 Pers.

1 Pck. Bandnudeln
50 g Butter
50 g Trüffelbutter
1 Bd. flache Petersilie abzupfen, klein hacken
1 kleine Schwarze Trüffel
Salz und Pfeffer

Zubereitung:
Die Nudeln mit viel »Biss« kochen und abgießen.

Die Butter mit der Trüffelbutter in einer großen Pfanne erhitzen, Nudeln zugeben und ca. 2 Min. braten, die Petersilie zufügen und mit Pfeffer würzen.

Auf warmen Tellern anrichten und die Trüffel dünn darüber hobeln.

Tipp:
Natürlich kann man auch eine Weiße Alba-Trüffel verwenden, doch sie ist mindestens 3-mal so teuer wie eine Perigord-Trüffel.

Auf jeden fall können Sie auch auf die Sommertrüffel zurückgreifen, die zwar nicht so aromatisch, aber dafür sehr preiswert ist.

Polenta mit Trüffeln und Parmesan
4 Pers.

300 g Maisgrieß
1 l Wasser
1/4 l Milch
1 EL Salz
120 g Butter
120 g geriebener Parmesankäse
1 kleine Schwarze Trüffel
frisch geriebenen schwarzen Pfeffer

Zubereitung:
Das Wasser mit Milch und Salz zum Kochen bringen, Maisgrieß einrühren und auf kleiner Flamme ca. 10 Min. kochen. Anschließend Butter und 100 g vom Parmesankäse zugeben, vermengen und mit Pfeffer würzen.

Auf warmen Tellern anrichten und mit restlichem Parmesan garnieren. Kleine Trüffeln mit Hilfe eines Trüffelhobels darüber hobeln (man kann sie auch mit einem scharfen Messer ganz dünn aufschneiden).

Tipp:
Man muss nicht immer nur die Wintertrüffeln hierfür verwenden. Auch die Sommertrüffeln wären gar nicht mal so schlecht. Bei Sommertrüffeln gibt man ca. die Hälfte der Trüffelbutter mit in die Polenta, um das Aroma zu intensivieren.

Rucolasalat in Himbeervinaigrette mit Trüffel
4 Pers.

2 Bd. Rucolasalat, putzen, waschen, abtropfen
1 kleine Schwarze Trüffel
1 große Hand voll frische Himbeeren
(12 Stück separat halten)
2 EL Zucker
1/8 l Rotweinessig
1/8 l Olivenöl
Salz und Pfeffer

Zubereitung:
Himbeeren (außer den 12 Stück) in einen kleinen Topf geben, mit Zucker und Essig aufkochen lassen, anschließend in ein hohes Gefäß füllen und mixen, dabei das Öl einlaufen lassen. Mit Salz und Pfeffer abschmecken.

Salat auf großen Tellern anrichten, mit der Vinaigrette begießen und die Trüffel darüber in dünnen Scheiben hobeln.

Kleine Mandel-Trüffel-Kirschtomaten-Küchlein
ca. 8 Pers.

100 g gemahlene Mandeln
2-3 EL Kartoffelstärke
4 Eiweiß
70 g Zucker
300 g Kirschtomaten
20 g eingelegte gehackte Trüffeln
Salz und Pfeffer
etwas Cayenne

Zubereitung:
Kirschtomaten waschen, vierteln, mit Salz, Pfeffer und Cayenne würzen und für eine 1/2 Stunde auf ein Sieb geben.

Die gemahlenen Mandeln mit Kartoffelstärke vermischen. Das Eiweiß mit Zucker steif schlagen, vorsichtig mit der Mandelmischung vermengen, Trüffeln und Kirschtomaten leicht unterheben.

8-10 Brioche- oder Souffléförmchen ausbuttern und mit der Masse füllen. Im vorgeheizten Backofen bei 150°C ca. 20 Min. backen.

Die Küchlein nach dem Backen 5 Min. auskühlen lassen und dann stürzen.

Tipp:
Ich würde sie als Vorspeise mit einem bunten Salat servieren. Anstelle von Trüffeln können Sie auch Basilikumblätter nehmen.

Kalt macht heiß

Sorbet-Rezepte

Glasklare Eiskristalle von zartesten Farben, aberwitzigsten, klirrend klaren Gestalten: Allein schon die Nähe einer Hand lässt sie vergehen, zergehen. Und erst glänzender Lippen, die dem Wunder sich nähern und den Wandel bewirken. Und erst der zitternden Zunge und dem leisen, sie begleitenden Atem. Und erst schwellender Haut, deren Tau die Kälte zertropft, wie von der Spitze des bordenden Halms auf die rau reifende Erde, die den Balsam willig empfängt. Da, da macht gerade die kleinste Nähe, die stillste Berührung einander sprechender Oberflächen Spuren von lächelnder, bleibender Kraft hinein ins Vergängliche, Spuren des schmeckendsten Schmelzens, Spuren sprudelnden Spürens.

Dies und kein andrer ist der geheimste weil wortlose Ort: Wo Kälte und Wärme einander in Feuchte umarmen.

Calvados-Sorbet mit Vanille

200 g Zucker
300 ml Mineralwasser
50 g Honig
2 Vanillestangen, auskratzen
1 Prise Zimt
Saft von einer Zitrone
3 Eiweiß, halb steif schlagen
1/8 l Calvados

Zubereitung:
Zucker mit dem Honig, Zimt, Vanillemark, Vanillestange und Mineralwasser aufkochen und 5 Min. ziehen lassen, die Vanillestange entfernen und Zitronensaft zugeben.

Die Masse auskühlen lassen und das Eiweiß kräftig in die Masse einrühren.

In die Eismaschine geben und abrühren. Wenn die Masse anzieht, Calvados zugeben. Zum Schluss nochmals abrühren.

Schokoladen-Sorbet mit Cognac-Rosinen

1 l Wasser
600 g Zucker
250 g Kakaopulver
50 g Vanilleextrakt
100 g Rosinen
1/8 l Cognac
8 cl Minzelikör

Zubereitung:
Die Rosinen in Cognac für 12 Stunden einlegen.

Wasser mit Zucker, Kakaopulver und Vanilleextrakt aufkochen und 5 Min. ziehen lassen. Anschließend Minzelikör zugeben und alles verrühren.

Die ausgekühlte Mischung in der Eismaschine so lange abrühren, bis die Masse angezogen ist. Zum Schluss Rosinen zufügen und noch einmal abrühren.

Mango-Kokosnuss-Sorbet

400 g Mangofruchtfleisch, in kleine Würfel schneiden
100 g Kokosnussraspeln
1/4 l Kokosnussmilch
1/4 l Mineralwasser
120 g Zucker
Saft von einer Limette

Zubereitung:
Die Mango mit Kokosnussraspeln, Kokosnussmilch, Mineralwasser, Limettensaft und Zucker 5 Min. kochen, mixen und abkühlen lassen.

In der Eismaschine abrühren.

Holunderblüten-Sorbet

150 g Holunderblüten, vorsichtig waschen, abtropfen
1 Fl. trockener Sekt
200 g Zucker
1 Vanilleschote, halbieren, auskratzen
1/2 Bd. Pfefferminze, abzupfen, in feine Streifen schneiden
4 cl Marc de Champagne

Zubereitung:
Sekt mit Zucker und der ausgekratzten Vanilleschote und Mark aufsetzen und zum Kochen bringen.

Die Holunderblüten in eine Schüssel geben und mit dem heißen Sud übergießen. Mit Klarsichtfolie abdecken und mindestens 12 Stunden ziehen lassen.

Nach dieser Zeit den Sud absieden, in die Eismaschine geben und abrühren.

Wenn die Masse anzieht, Marc de Champagne zugeben.

Abfüllen und in den Eisschrank stellen.

Orangenblütenhonig-Sorbet mit Pinienkernen

900 g Orangenblütenhonig
4 cl Orangenblütenwasser
Saft von einer Zitrone
1 l Mineralwasser
150 g Pinienkerne, ohne Fett anrösten

Zubereitung:
Den Honig mit Orangenblütenwasser, Zitronensaft und Mineralwasser vermengen, in die Eismaschine geben und so lange abrühren, bis die Masse angezogen ist.

Anschließend Pinienkerne zufügen und noch einmal abrühren.

Karotten-Orangen-Sorbet

150 g Zucker
20 cl Wasser
1/4 l Orangensaft
1/4 l Karottensaft
6 cl Grand Marnier
1 Eiweiß, halb steif schlagen

Zubereitung:
Den Zucker mit Wasser 5 Min. köcheln lassen, auskühlen und mit dem Orangen-Karotten-Saft und Grand Marnier vermengen.

Das Eiweiß kräftig in die Masse einrühren und in der Eismaschine abrühren.

Verhüllung

Gerichte »im Mantel«, deren Zutaten eingehüllt und dann zubereitet werden

Immer ein wenig verboten: Das Verhüllte, das ohne Gegenwehr dem Blick sich nicht gibt. Ein wenig Schale um das Fruchtfleisch, das den Kern süß umschließt. Ein wenig kunstvolle Verpackung, dazu da, die Zeit zu verlängern, zu verzaubern. Eine kleine Hürde, die keine ist, eine Schwelle, die lächeln macht kurz vor dem Ernst. Eine schnelle Betonung des Versteckes, die vor Eiligkeit schützt, Behutsamkeit auferlegt und kurzen Verzicht. Ein letzter Rest, bevor ES in Erscheinung tritt. Ein Relikt kindlicher paradiesischer Scham auch, ins Spielende eingedreht, ins Freudige gewendet, ... und flochten Feigenblätter zusammen und machten sich Schurze (und lachten sich heimlich dabei zu).

Immer ein wenig verhüllt: Das Verbotene.

Und hinter und unter der Hülle? Wohnt dort erst die Wahrheit, das Wesen?

Verbirgt sich der Baum hinter Blättern? Hüllt sich das Haus in Mauern?
Verschwindet der Himmel in Wolken?

Kalbsrücken-Birnen-Rosmarin-Strudel
4 Pers.

4 Kalbsrücken à 120 g
4 Blätter Strudelteig (auch als Filoteig bekannt)
4 Birnen, schälen, entkernen, in Würfel schneiden
2 Zweige Rosmarin, abzupfen
100 g Zucker
1/8 l Weißwein
1 Glas Kalbsfond
100 g Butter
2 cl Grappa
Olivenöl
Salz und Pfeffer

Zubereitung:
Den Zucker leicht karamellisieren lassen. Die Hälfte des Rosmarins und die Birnen zugeben, mit Weißwein auffüllen und ca. 5-7 Min. köcheln lassen (bei sehr harten Birnen ist die Kochzeit etwas länger).

Nach dem Kochen auf ein Sieb schütten und leicht auskühlen lassen.

Die Strudelteigblätter auf die Arbeitsfläche nebeneinander legen, mit Olivenöl einstreichen. Kalbsrücken salzen und pfeffern. Die Rückenstücke und Birnen oberhalb des Strudelteiges geben, seitlich einschlagen und von oben nach unten aufschlagen. In einer Pfanne mit Olivenöl knusprig anbraten und in den auf 150°C vorgewärmten Backofen für 8-10 Min. stellen, zwischendurch wenden.

Den Kalbsfond mit dem restlichen Rosmarin in einen Topf geben und 5 Min. köcheln lassen, Rosmarin entfernen und den Sud auf die Hälfte reduzieren.

Zum Schluss Grappa zufügen und die Butterwürfel einrühren. Mit Salz und Pfeffer abschmecken.

Tipp:
Anstelle der Birnen können Sie auch Äpfel nehmen. Der Kalbsrücken kann durch Schweinerücken ersetzt werden.

Fasanenbrust im Speckmantel mit geschmortem Sauerkraut
4 Pers.

1 Fasanenbrust
16 Scheiben durchwachsener Speck
800 g Weinsauerkraut
1 l Apfelsaft
400 g Zucker
1/4 l Sahne
30 g Gänsestopfleber, auch Terrine möglich
25g Butter
Salz und Pfeffer

Zubereitung:
Das Sauerkraut abgießen, in einen Bräter mit 1/4 l Apfelsaft und 100 g Zucker geben und in den auf 220-250 °C vorgeheizten Backofen stellen.

Alle 25-30 Min. wieder Zucker und Apfelsaft zugeben und zwischendurch alles gut umrühren. Mindestens 2 Stunden schmoren lassen. Zum Schluss mit Salz und Pfeffer würzen.

Fasanenbrust in die Speckscheiben einschlagen und in einer Pfanne langsam anbraten, mit einem Deckel schließen und auf kleiner Hitze ca. 7-8 Min. gar ziehen lassen.

Sauce: *Sahne mit der Gänsestopfleber aufsetzen und leicht einreduzieren.*

Butter zugeben und die Sauce mixen, mit Salz und Pfeffer abschmecken.

Wachtel-Mango-Strudel auf Friseesalat
4 Pers.

4 große Wachteln
2 Mangos, schälen, Kern entfernen, in Scheiben schneiden
1/2 Basilikum, Blätter abzupfen
4 Blätter Strudelteig (auch als Filoteig bekannt)
1 Friseesalat, putzen, waschen, abtropfen
1/4 l trockner Weißwein
2 EL Weißweinessig
2 EL Zucker
1 Msp. Sambal Oelek
50 g Butter
5 EL Balsamessig
Olivenöl
Salz und Pfeffer

Zubereitung:
Die Wachteln von der Mitte aus vom Knochen lösen, die Flügelchen entfernen und Knochen aus den Schenkeln herauslösen, mit Salz und Pfeffer würzen.

Die Strudelblätter nebeneinander auf der Arbeitsplatte ausbreiten und mit Olivenöl bestreichen. Jeweils am Anfang eines Blattes eine Wachtelhälfte legen, mit Basilikum und Mangoscheiben (von einer Mango) belegen und mit der anderen Wachtelhälfte abdecken.

Den Strudelteig seitlich einschlagen und von oben nach unten aufschlagen. Die Strudel in Olivenöl knusprig anbraten und im vorgeheizten Backofen bei 160°C ca. 10–12 Min. backen, zwischendurch wenden.

Sauce: *Die zweite Mango mit Weißwein, Weißweinessig, Zucker, Sambal Olek, Salz und Pfeffer ca. 5 Min. kochen (die Kochzeit hängt vom Reifegrad der Mango ab). Anschließend mixen und die Butterwürfel dabei unterrühren.*

Vinaigrette: *5 EL Balsamessig, 3 EL Olivenöl, Salz und Pfeffer und nach Belieben auch etwas Honig miteinander verrühren.*

Friseesalat mit der Vinaigrette marinieren, mittig auf Tellern anrichten, die Sauce darum geben. Die Strudel schräg aufschneiden und auf den Frisee setzen.

Tipp:
Wachteln gehören zu meinem absoluten Lieblingsgeflügel.
Ob als Ganzstück zubereitet oder im Teig versteckt, mit Salat oder in Sud serviert oder aber auch als Spieß – sie werden immer zu einer echten Gaumenfreude.

Forelle en papillote mit Grand Marnier
4 Pers.

2 Forellen, küchenfertig,
ca. 800–1000 g pro Fisch
60 g Butter
1 Orange, in dünne Scheiben schneiden
4 Knoblauchzehen, zerdrücken
2 Zweige Zitronenthymian
2 Lorbeerblätter
2 Zweige Minze, abzupfen
4 cl Grand Marnier
Orangen und Pflanzenöl
Salz und Pfeffer
Pergamentpapier

Zubereitung:
Die Forellen auf der Hautseite einschneiden, damit sie gleichmäßig garen, mit Salz und Pfeffer würzen.

Jeweils auf ein großes und mit Pflanzenöl eingestrichenes Stück Pergamentpapier legen und mit Orangenöl bestreichen.

Die Bauchhöhle mit Thymian, Lorbeerblatt, Orangenscheiben, Minze und Knoblauch füllen, die Butter und den Grand Marnier über den Fisch verteilen.

Das Pergamentpapier verschließen und mit Pflanzenöl einstreichen.

In den auf 220°C vorgeheizten Backofen geben und ca. 20–25 Min. garen.

Mit dem Papier auf einer warmen großen Platte anrichten und erst am Tisch öffnen.

Tipp:
Einen bunten Salat mit Orangenfilets dazu servieren.
Schnell, lecker und gut!!!!!!!!!!

Perlhuhnbrust im Kartoffelmantel
4 Pers.

4 Perlhuhnbrüste
4 dicke Kartoffeln, schälen
1 kleiner Wirsing, halbieren, den Strunk entfernen, klein schneiden
100 g durchwachsener Speck
1/4 l Sahne
Muskatnuss
Salz und Pfeffer
Öl zum Frittieren

Zubereitung:
Die Perlhuhnbrüste mit Salz und Pfeffer würzen.
Die geschälten Kartoffeln mit einem Spiralschneider in dünne Fäden schneiden.

Die Kartoffelfäden auf der Arbeitsfläche ausbreiten und die Brüste jeweils in die Fäden einer Kartoffel darin aufrollen, mit einem Küchentuch etwas ausdrücken und in nicht zu heißem Öl ca. 6–8 Min. frittieren.

***Für Wirsing:** Speck in einem Topf mit etwas Olivenöl auslassen, den Wirsing zugeben, umrühren und nach 2–3 Min. mit Sahne auffüllen. Wirsing in der Sahne ca. 8 Min. liegen lassen, anschließend mit Salz, Pfeffer und Muskatnuss abschmecken.*

Die frittierten Perlhuhnbrüste auf dem Wirsing anrichten.

Rebhuhnbrust im Weinteig mit Weintraubenragout
4 Pers.

8 Rebhuhnbrüstchen
1 Schale rote Weintrauben, halbieren und entkernen
1 Schale weiße Weintrauben, halbieren und entkernen
50 g Zucker
20 g Butter
4 cl Rotweinessig
8 cl Rotwein
1 Bd. Petersilie, Blätter abzupfen
8 EL Mehl
Salz und Pfeffer
Öl zum Backen und Braten

Zubereitung:
Aus dem Mehl mit etwas Wein, Backpulver, Salz und Pfeffer einen glatten Teig rühren.

Die Rebhuhnbrüstchen mit Salz und Pfeffer würzen und durch den Teig ziehen.

In einer Pfanne mit viel, nicht zu heißem Öl ca. 5-6 Min. bräunen.

***Ragout:** Die Butter mit Zucker karamellisieren, mit Rotwein und Essig ablöschen, Weintrauben zugeben, 5 Min. köcheln lassen, mit Salz und Pfeffer abschmecken und zum Schluss Petersilie zufügen.*

Hasenrückenfilet in Crepinette mit Schokoladensauce
4 Pers.

4 Hasenrückenfilets
4 Schweinenetz-Crepinettes (ca. 20x20 cm)
1/2 Bd. flache Petersilie, Kerbel, Estragon und Minze, Blätter abzupfen
(die Hälfte der Kräuter für die Schokoladenpaste, die andere für Crepinette)
100 g Bitterschokolade, in Stücke brechen
1 Knoblauchzehe, schälen und grob hacken
3 Schalotten, schälen und klein schneiden
8 dicke Kartoffeln, schälen, kochen und Püree herstellen
1 Glas Wildfond
50 g Butter
Salz, Pfeffer, Cayenne, Zimt und Curry

Zubereitung:
Die Schokolade mit Knoblauch, Schalotten und mit Hälfte der Kräuter in eine Küchenmaschine geben und zu einer Paste mixen.

Den Wildfond im Topf erhitzen, die Hälfte der Schokoladenpaste zugeben und durchkochen lassen. Die Butter beigeben und mit Salz, Pfeffer, Cayenne, Zimt und Curry abschmecken.
Die Sauce sollte noch ca. 5 Min. nach dem Würzen kochen, damit sich alle Gewürze richtig entfalten können.

Aus den Kartoffeln ein Püree herstellen.

Crepinette: *das Schweinenetz nebeneinander auf die Arbeitsfläche legen, mit den restlichen Kräutern bestreuen.*
Die Hasenrückenfilets mit Salz und Pfeffer würzen und die restliche Schokoladenpaste darauf verteilen, die Endstücke der Filets einschlagen, damit das Fleisch überall die gleiche Dicke hat.
Nun das Schweinenetz einschlagen und aufrollen.
In einer nicht zu heißen Pfanne anbraten und in einem vorgeheizten Backofen bei 150°C unter Wenden ca. 8–10 Min. garen.

Tipp:
Die Schokoladenpaste kann man auch in größerer Menge herstellen und im Kühlschrank, mit Klarsichtfolie abgedeckt, für 3–4 Tage aufbewahren.
Sie eignet sich vorzüglich nicht nur für Wild, sondern auch für alle Geflügelgerichte.

Seehecht unter der Schokoladen-Nusskruste
4 Pers.

4 Seehechtfilets à 160–180 g
100 g Butter
50 g frisch gemahlene Nüsse
50 g Bitterschokolade, fein reiben
100 g Weißbrotbrösel
1/2 Bd. flache Petersilie, abzupfen und fein hacken
1/2 Bd. Pfefferminze, abzupfen und fein hacken
2 Knoblauchzehen, schälen und fein hacken
10 g Ingwer, schälen und fein reiben
1 Kopf Chinakohl, fein aufschneiden
1 TL Curcuma
1/4 l Fischfond
40 g Butter
Salz und Pfeffer

Zubereitung:
Chinakohl in eine große Auflaufform geben, mit Curcuma, Salz und Pfeffer parfümieren. Butter in kleinen Flocken darüber verteilen und mit dem Fischfond angießen.

Nusskruste: *Die Butter mit Nüssen, Schokolade, Weißbrotbrösel, Petersilie, Knoblauch, und Ingwer gut vermengen.*

Die Fischfilets mit Salz und Pfeffer würzen und nebeneinander in die Form setzen. Die Masse darüber verteilen und andrücken.

Die Form in den auf 220°C vorgeheizten Backofen geben und ca. 15–17 Min. garen.

Tipp:
Servieren Sie dazu kräftigen Rotwein und frisches Bauernbrot oder Toast.

Lotte mit Serano-Schinken im Teigmantel
4 Pers.

400 g Lotte, in Medaillons à 50 g schneiden
8 Scheiben Serano-Schinken
1 Pck. Tempurateig (in Asia-Shops erhältlich)
1/8 l Apfelsaft
250 g brauner Kandiszucker
1 Ananas, schälen, vierteln, Herzstück entfernen
2 Äpfel, schälen, Kerngehäuse entfernen, klein schneiden
Zwiebeln, schälen, klein schneiden
50 g Cashewkerne, hacken
50 g Rosinen
1/4 TL Zimt, Curry, Cardamom
Salz und Pfeffer
Öl zum Frittieren

Zubereitung:

Ananaschutney: *Essig erhitzen, den Kandiszucker darin auflösen, die klein geschnittene Ananas, die Zwiebeln, Äpfel, Cashewkerne, Rosinen, Apfelessig und Gewürze zugeben.*

Alles zusammen mindestens 1/2 Stunde kochen lassen und mit Salz und Pfeffer abschmecken.

Die Lottemedaillons mit dem Schinken einschlagen, in einer Pfanne anbraten und auf einen Teller setzen.

In der Zwischenzeit den Tempurateig anrühren, die Lotte durch den Teig ziehen und in tiefem Fett ausbacken.

Tipp:

Man kann auch ein anderes Chutney kochen z. B. von Mango, Grünen Tomaten, Roten Beeren, Kürbis usw.

Seezungenfilets mit Lauch im Kadaif-Mantel
4 Pers.

8 Seezungenfilets
1 dicke Stange Lauch, halbieren, blanchieren
1 Pck. Kadaif (Teigfäden gibt es beim Türken um die Ecke)
2 gekochte Rote-Bete, in dünne Streifen schneiden
2 Schalotten, schälen und in feine Würfel schneiden
1/4 l Weißwein
1/8 l Weißweinessig
150 g Butter
2 EL Rotweinessig
1 EL Zucker
Salz und Pfeffer
Öl zum Anbraten

Zubereitung:

Den blanchierten Lauch abtropfen, Seezungenfilets halbieren und mit Salz und Pfeffer würzen.

Den Kadaif so auslegen, dass man 20 x 20 große Teigstücke hat. Auf den Teig jeweils ein Stück Seezunge und Lauch legen, aufrollen und in der Pfanne goldgelb anbraten.

Anschließend auf ein Backblech geben und im vorgeheizten Backofen bei 150 °C ca. 4–6 Min. backen.

Die Rote-Bete-Streifen in etwas Olivenöl mit Zucker und Rotweinessig angehen lassen und mit Salz und Pfeffer würzen.

Schalotten mit dem Weißwein und Weißweinessig aufsetzen und reduzieren, Butter in kleinen Stücken einrühren und mit Salz und Pfeffer abschmecken.

Nach Belieben mit etwas Cayenne würzen.

mal scharf, mal Lamm

Behandelt Lammgerichte

Wer würde nicht gern in der Unschuld sich baden? In heilsversprechende Frömmigkeit zurückschlüpfen? Das Lamm, das koschere Geschöpf, das ist der Fahnenträger göttlicher Reinheit und Künder froher Botschaften.

Doch ein Zurück in den Zustand kindlicher Schamlosigkeit, das gibt es nicht. Da wurden ihnen die Augen aufgetan, und sie wurden gewahr, dass sie nackt waren. Und aus ist's mit der Unschuld. Dafür lernten sie sehen. Jedem sein eigener Sündenfall!, und die Schuld hebt an, die nur die Flamme tilgen kann. Seither lodert Feuer im Menschen, meistens vergebens, wirft flackerndes Licht ins Dunkel des Lebens. Und aus jedem Genuss schon rieselt ein Rest von Reue.

Lammrücken unter der Teighaube
4 Pers.

4 Lammrückenstränge à 140 g
1 rote, gelbe und grüne Paprika, halbieren, entkernen und in Würfel schneiden
1 Aubergine, in Würfel schneiden
1 Zucchini, in Würfel schneiden
1 dicke Gemüsezwiebel, schälen und in Würfel schneiden
5 Knoblauchzehen, schälen und grob hacken
100 g entsteinte schwarze Oliven
8 Scheiben dünn geschnittener Speck
1 Zweig Thymian, abzupfen
1 Zweig Rosmarin, abzupfen
2 Stück Blätterteig (Tiefkühl)
1 Ei, verquirlen
1 TL Sambal Oelek
2 EL Balsamessig
Olivenöl
Salz und Pfeffer

Zubereitung:

Die Lammrückenstränge mit Salz und Pfeffer würzen und kurz in heißem Öl bräunen. Herausnehmen, abkühlen lassen, und mit Speck einschlagen.

Zwiebel mit Paprika in Olivenöl anbraten, Zucchini, Aubergine, Thymian, Rosmarin und Knoblauch zugeben. Mit Salz, Pfeffer, Sambal Oelek und Balsamessig abschmecken.

Nach 5 Min. Oliven dazu und alles in eine große Auflaufform geben. Die Lammrücken auf das Gemüsebeet legen.

Den Blätterteig ausrollen und die Form damit bedecken, so dass sie geschlossen ist, in der Mitte ein kleines Loch ausstechen und den Teig mit dem Ei bestreichen.

Im vorgeheizten Backofen bei 200°C ca. 25 Min. backen.

In der Form am Tisch servieren.

Lammfilets auf roten Linsen mit Kartoffelchips
4 Pers.

10 Lammfilets, schräg halbieren
250 g rote Linsen
1 rote Paprika, halbieren, entkernen, in kleine Würfel schneiden
1/2 Bd. Basilikum, abzupfen
1/2 Bd. Kerbel, abzupfen
4 dicke Kartoffeln, schälen, in dünne Scheiben schneiden
8 EL Balsamessig
4 EL Olivenöl
1 EL Honig oder Zucker
1 TL Senf
Pflanzenöl zum Frittieren
Salz und Pfeffer

Zubereitung:

1 l Wasser zum Kochen bringen, Linsen und Paprika zugeben und 10 Min. köcheln lassen. Kräuter in ein großes Sieb geben und die Linsen darüber abgießen, abtropfen lassen.

Essig mit Senf und Honig verrühren, Öl zugeben, vermengen und mit Salz und Pfeffer abschmecken.

Die Linsen mit Kräutern in eine Schüssel geben und mit der Vinaigrette vermengen.

Die Kartoffelscheiben in tiefem Fett oder in der Friteuse bei 180–200 °C frittieren, auf einem Küchenpapier abtropfen lassen und mit Salz würzen.

Die Lammfilets mit Salz und Pfeffer würzen, in einer Pfanne in heißem Olivenöl anbraten und anschließend noch ca. 3-4 Min. ziehen lassen.

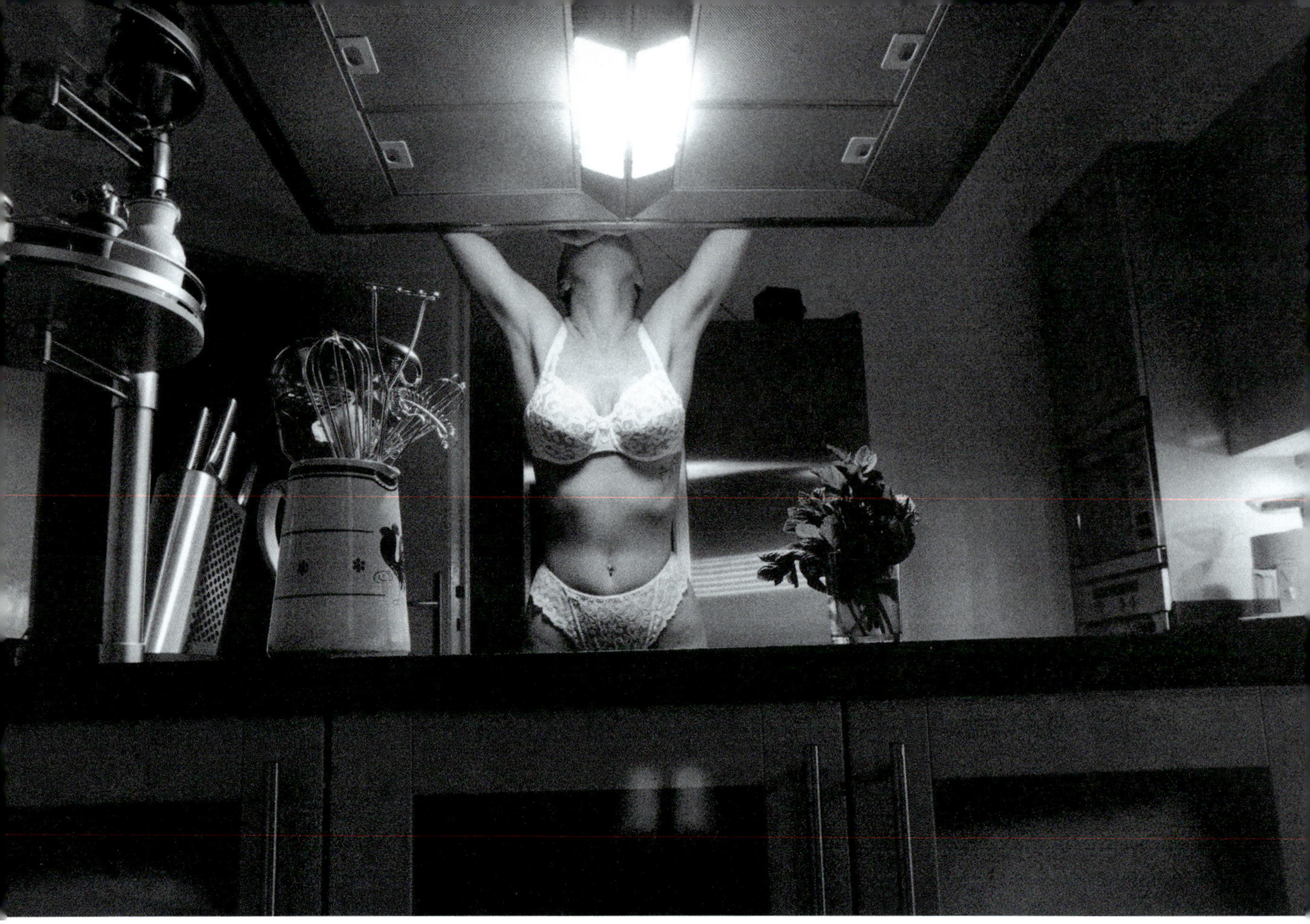

Lammnavarin à la Susanne
4–6 Pers.

1 kg Lammschulterfleisch, in Ragoutstücke schneiden
2 Gemüsezwiebeln, schälen und in Scheiben schneiden
3 Quitten, schälen, entkernen und in Stücke schneiden
1 Vanilleschote, halbieren und das Mark herauskratzen
1 Kräuterstrauß: Thymian, Rosmarin, Lorbeerblatt binden
2 Knoblauchzehen, mit Schale zerdrücken
2 EL Mehl
4 EL Zucker
1/2 TL Sambal Oelek
500 g kleine Kartoffeln, schälen
1 l Cidre
Olivenöl
Salz und Pfeffer

Zubereitung:

Das Lammfleisch mit Salz und Pfeffer würzen, im Bräter in Olivenöl anbraten. Das Fett danach abschütten, Zucker und Quitten zugeben und leicht karamellisieren lassen. Anschließend mit Mehl bestäuben.

Zwiebeln, Vanilleschoten, Vanillenmark, Knoblauch und das Kräutersträußchen zugeben, gut verrühren und mit Cidre auffüllen. Sambal Oelek hinzufügen und 20 Min. zugedeckt schmoren lassen.

Nach der o. g. Zeit Kartoffeln und eventuell noch etwas Wasser zugeben. Weitere 20 Min. köcheln lassen und mit Salz und Pfeffer abschmecken. Zum Schluss das Kräutersträußchen und die Vanilleschote entfernen.

Tipp:

Sie können auch Kalb- oder Schweinefleisch hierfür verwenden.

Quitten:

Man unterscheidet Birnen- und Apfelquitten. Beide sind reich an Vitaminen und Mineralstoffen und werden nur im gekochten Zustand weiter verarbeitet. Sie eignen sich hervorragend für Konfitüre oder Mus.

Quitten sind Früchte für Kenner, wer sie mag, liebt sie.

Lammzunge in Himbeeren-Meerrettich-Sauce 4 Pers.

8 Lammzungen
1 Lorbeerblatt
1 Nelke
1 Zwiebel, mit Lorbeerblatt und Nelke spicken
1/2 Pck. Himbeeren (Tiefkühl)
1 EL frischer Meerrettich
5 EL Rotweinessig
4 EL Zucker
1/8 l Rotwein
8 dicke Kartoffeln, schälen und in Würfel schneiden
3 Schalotten, schälen und in feine Würfel schneiden
50 g durchwachsener Speck, in Streifen schneiden
Olivenöl
Salz und Pfeffer

Zubereitung:
Die Lammzungen abwaschen und zusammen mit Zwiebel in einen Topf mit 2 l Salzwasser geben. Langsam zum Kochen bringen und 35 Min. leicht köcheln lassen, dann von der Herdplatte ziehen und auf Handwärme auskühlen lassen.

Die Zungen herausnehmen, die Haut abziehen und halbieren, den Fond passieren und die Zungen zurückgeben. Erst vor dem servieren wieder darin erwärmen.

Sauce: *Himbeeren mit Rotweinessig, Rotwein und Zucker aufsetzen, mit Salz und Pfeffer abschmecken und Meerrettich zugeben. Aufkochen lassen.*

Kartoffeln in Olivenöl anbraten, mit Salz und Pfeffer würzen und zugedeckt garen,zwischendurch schwenken.

Nach ca. 12 Min. Schalotten und Speck zugeben, danach noch weitere 5 Min. garen

Milchlammkeule mit Kartoffeln 4–6 Pers.

1 Milchlammkeule
5 EL frische Brotkrumen
1 kg Kartoffeln, schälen und in Scheiben schneiden
1/2 l Brühe
60 g Butter
1/8 l flüssiger Honig
1/8 l Orangensaft
1/2 TL Curry
1/2 TL Cayenne
1/2 TL Paprikapulver
1/2 TL Ingwerpulver
1/2 TL gemahlener Anis
1/2 TL gemahlener Kreuzkümmel
Olivenöl
Salz und Pfeffer

Zubereitung:
Honig mit Orangensaft, Curry, Cayenne, Paprikapulver, Ingwerpulver, Anis und Kreuzkümmel vermengen.

Die Milchlammkeule mit Olivenöl einreiben, mit Salz und Pfeffer würzen und in einem großen Bräter anbraten.

Mit den Brotkrumen bestreuen und Butterflocken darauf setzen. Für 15 Min. in den auf 200°C vorgeheizten Backofen stellen.

Die Lammkeule vorsichtig aus dem Bräter nehmen, die Kartoffeln und den Honig zugeben, vermengen, und die Keule darauf setzen. Den Bräter für 30-40 Min. wieder in den Backofen stellen, nach 10 Min. Brühe aufgießen.

Panierte Lammzunge auf cremiertem Kohlrabigemüse
4 Pers.

6 Lammzungen
1 Nelke
1 Lorbeerblatt
1 Zwiebel, mit Lorbeerblatt und Nelke spicken
3 Kohlrabi, schälen und in Stifte schneiden
1/2 l Sahne
1 Bd. Petersilie, Blätter abzupfen und grob schneiden
2 Eier, verquirlen
Salz, Pfeffer, Muskatnuss
etwas Paniermehl und Mehl

Zubereitung:

Die Lammzungen abwaschen, in einen Topf mit 2 l Salzwasser geben, Zwiebel zufügen, langsam zum Kochen bringen und 35 Min. leicht köcheln lassen.

Vom Herd ziehen und auf Handwärme abkühlen lassen.

Die Zungen herausnehmen und die Haut abziehen, halbieren, in Mehl wenden, durch das Ei ziehen und panieren.

In der Pfanne mit Öl langsam goldbraun anbraten.

Die Kohlrabistifte im Salzwasser al dente kochen und abgießen.

Sahne mit den Kohlrabi aufsetzen und einkochen lassen. Mit Salz, Pfeffer und Muskatnuss verfeinern. Zum Schluss Petersilie zugeben.

Tipp:

Die Zungen dürfen nicht stark kochen, sonst sie nachher zäh.

Lammstelzen mit Rosinen-Couscous
4 Pers.

4 Lammstelzen, die äußere Haut entfernen
1 l Lammfond
30 g Tomatenmark
1 EL Kräuter der Provence
2 EL Mehl
1 Zwiebel, schälen und in Würfel schneiden
1 Bouquet garni: Möhre, Lauch, Sellerie, Thymian, Lorbeerblatt, zusammenbinden
3 Knoblauchzehen, schälen und grob hacken
250 g Couscous
250 l Wasser
30 g Butter
60 g Rosinen
1/8 l Portwein
Salz und Pfeffer

Zubereitung:

Lammstelzen mit Salz und Pfeffer würzen, im Bräter scharf anbraten, in den auf 220°C vorgeheizten Backofen für 20 Min. stellen, zwischendurch mal wenden. Nach dieser Zeit die Stelzen herausnehmen und das überschüssige Fett abschütten.

Zwiebeln im Bräter angehen lassen, mit Tomatenmark, Knoblauch und Kräutern der Provence würzen, mit Mehl bestäuben und leicht bräunen. Anschließend mit Fond auffüllen und das Bouquet-garni zugeben.

Die Lammstelzen wieder in den Bräter legen und weitere 50 Min. im Ofen schmoren lassen, immer mal wenden.

***Couscous:** Wasser mit Butter, Salz und Pfeffer zum Kochen bringen. Couscous in eine Schüssel geben, mit heißem Wasser übergießen und quellen lassen.*

Rosinen mit dem Portwein erhitzen, sich vollsaugen lassen, zum Couscous geben, vermengen und mit Salz und Pfeffer abschmecken.

Tipp:

Couscous gleicht Hirse, die die älteste kultivierte Getreidesorte der Welt ist. Er ist sehr reich an ungesättigten Fettsäuren und Vitaminen.

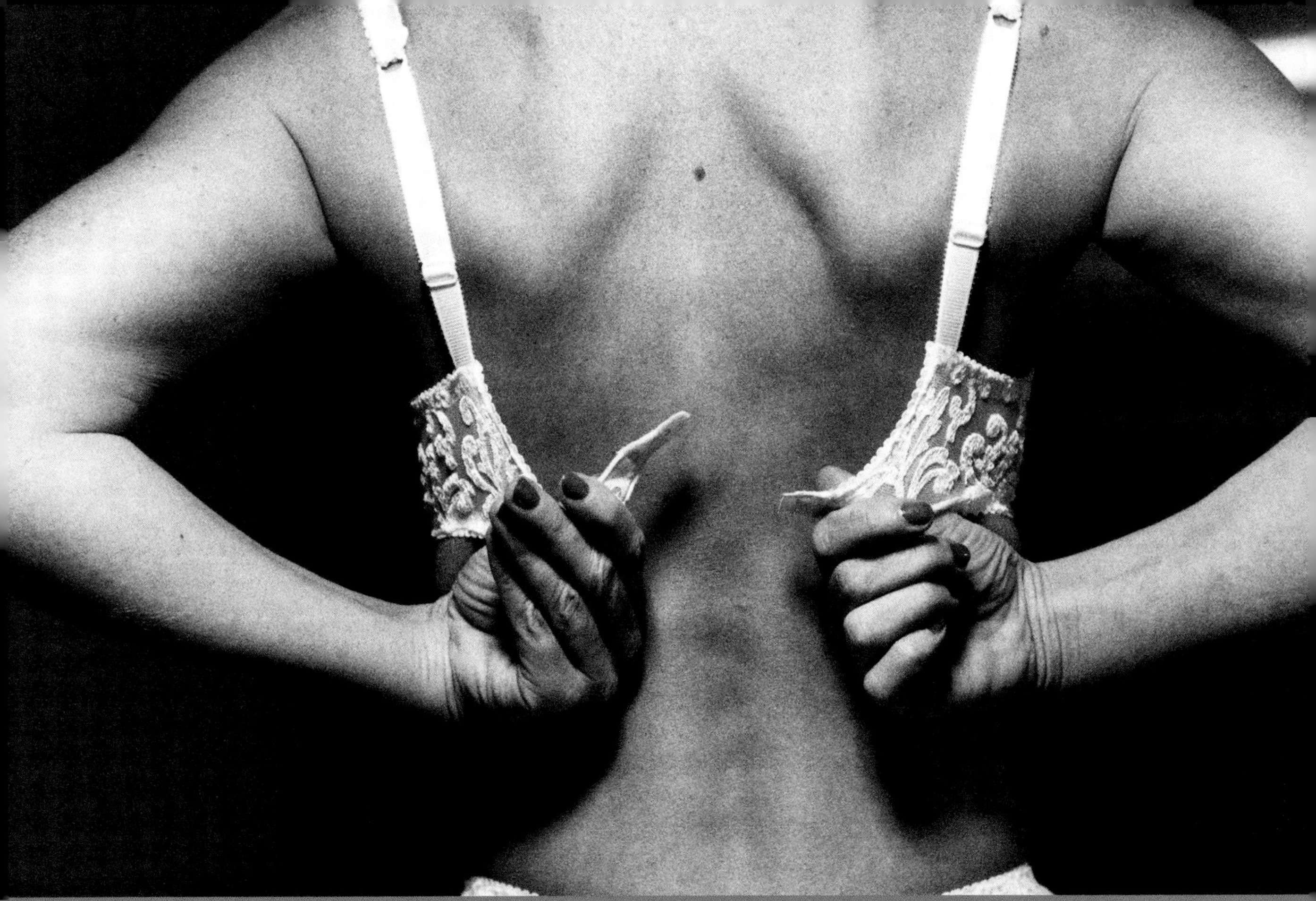

Potpourri vom Lamm
4 Pers.

600 g Lammfleisch aus der Hüfte, in gleich große Stücke schneiden
1 dicke Zwiebel, schälen und in kleine Würfel schneiden
1 Karotte, schälen und in kleine Würfel schneiden
8 Kartoffeln, schälen und in kleine Würfel schneiden, waschen
3 Stangen Lauch, in dünne Ringe schneiden, waschen
3 Stangen Sellerie, in kleine Würfel schneiden, waschen
4 dicke Tomaten, blanchieren, abziehen, vierteln, Kerne entfernen und Tomatenecken in Würfel schneiden
1 Hand voll Rosenblätter, unbehandelt
1 Hand voll Löwenmäulchen, unbehandelt
1 Kräuterstrauß aus Thymian, Rosmarin und Lorbeerblatt
Salz und Wasser

Zubereitung:
Das Fleisch mit Salz und Pfeffer würzen und in einen großen Topf mit 2 l kaltem Wasser geben, zum Kochen bringen, abschäumen und ca. 35–40 Min. köcheln lassen.

Alle anderen Zutaten außer den Blüten zugeben und 15–18 Min. kochen. Mit Salz und Pfeffer würzen. Zum Schluss die Blüten zugeben und servieren.

Tipp:
An Blüten kann man alles dazu geben, z. B. Flieder, Gänseblümchen, Löwenzahn, Ringelblume, Stiefmütterchen, Veilchen usw., aber bitte immer nur Blüten benutzen, die nicht gespritzt sind.
Auch Kräuter können Sie nach Belieben zusammenstellen.

Lammcarré mit Rotweinpilzen
4 Pers.

4 Lammcarrés, Sehnen entfernen, mit Salz und Pfeffer würzen
1 dicke Gemüsezwiebel, schälen, in kleine Würfel schneiden
100 g Champignons de Paris, putzen, klein schneiden
100 g Steinpilze, putzen, klein schneiden
100 g Pfifferlinge, putzen, klein schneiden
100 g Shiitake, klein schneiden
100 g Austerpilze, klein schneiden
1 l kräftiger Rotwein
1/2 l roter Potwein
1/2 l Lammfond
4 EL Zucker
1 Msp. Cayenne
1 Zweig Rosmarin
2 Zweige Thymian
2 Lorbeerblätter, aus Rosmarin, Lorbeer, Thymian einen Kräuterstrauß binden
1 Knoblauchkopf, halbieren
Mondamin zum Abbinden
Olivenöl
Salz und Pfeffer

Zubereitung:

Die Zwiebelwürfel in etwas Öl anschwitzen, mit Salz und Pfeffer würzen, Zucker zugeben und leicht bräunen, mit Portwein ablöschen und mit Rotwein und Lammfond auffüllen, Kräuterstrauß und Cayenne zufügen und auf 1/3 reduzieren.

Pilze in etwas Öl in kleinen Mengen anbraten und auf ein Sieb geben, den Sud auffangen. Anschließend Fond und Pilze zur Rotweinreduktion geben und solange kochen, bis die Flüssigkeit auf die Hälfte reduziert ist.

Wenn nötig, mit etwas angerührtem Mondamin abbinden und mit Salz und Pfeffer abschmecken.

Die Carrés kräftig mit dem Knoblauch anbraten, auf ein Backblech geben, und im auf 150°C vorgeheizten Backofen ca. 15 Min. garen.

Die Carrés auf einer warmen Platten servieren und Rotweinpilze dazu reichen.

Lammshops mit grünem Tomatenketchup
4 Pers.

8 Lammshops, das Fett einschneiden
2 rote Paprikas, vierteln, Kerngehäuse entfernen
2 gelbe Paprikas, vierteln, Kerngehäuse entfernen
2 Zucchini, in dicke Stifte schneiden
150 g kleine weiße Champignonköpfe
2 EL Kräuter der Provence
1 EL Paprikapulver
1/2 halbe Chilischote, Kerne entfernen, in dünne Scheiben schneiden
1 Zweig Rosmarin, abzupfen und fein hacken
8 grüne Tomaten, in kleine Würfel schneiden
1 Zwiebel, schälen und in kleine Würfel schneiden
100 g Zucker
1/8 l Rotweinessig
Olivenöl
Salz und Pfeffer

Zubereitung:

Das Gemüse in eine große Auflaufform geben, mit Kräutern der Provence, Salz und Pfeffer würzen, Olivenöl darüber verteilen und alles gut miteinander vermengen, in den vorgeheizten Backofen geben und bei 220°C ca. 20 Min. garen.

***Ketchup:** Die Zwiebelwürfel mit etwas Olivenöl in einem Topf glasig dünsten, Tomaten, Zucker, Chili und Essig zugeben, ca. 10 Min. köcheln lassen, mixen und mit Salz und Pfeffer abschmecken.*

***Lamm:** Olivenöl mit Paprikapulver und Rosmarin vermengen, die Lammshops mit Salz und Pfeffer würzen und mit der Ölmarinade dick einstreichen, auf den gut vorgeheizten Grill legen und von beiden Seiten knusprig grillen.*

Betthupferl ohne Schlafrock

Enthält Dessertrezepte

Ort der Träume, Ort des Friedens, Ort des Wachens und des Schlafs, Ort der allergrößten Freude und des abgrundtiefsten Leids; Ort der innersten Gedanken, Ort des leisen Zwiegesprächs, dort wo immer alles ehrlich, und doch voll von Heimlichkeit; dunkler Ort des starren Blickes in die Finsternis der Welt, wo aus trüben, schweren Wassern nur der Ruf des Fisches tönt; Ort der innigsten Gefühle und des äußerlichsten Seins, Ort des Lebens, Ort des Sterbens, Ort der süßen Einsamkeit; Ort des schreiendsten Geflüsters und des leis' gehauchten »Ja«, Ort des Steigens und des Fallens, dort ist Gipfel, dort ist Schlund; Ort des Gründens und Verwerfens, Ort des Ursprungs und der Kraft, Ort der Stille, des Verweilens, dort wo keine Zeit mehr gilt; Ort des dräuenden Vergessens, Ort allein und Ort zu zweit, Ort gedankenvoller Liebe: ist der Hort der Menschlichkeit.

Frittierte Tortellini
mit Amaretto-Backpflaumen
4 Pers.

2 Scheiben Blätterteig, Tiefkühl
1 Ei
24 Backpflaumen, 3 pro Tortellini
1/4 l Amaretto
Mehl zum Ausrollen
Puderzucker zum Bestäuben
Öl zum Frittieren

Zubereitung:
Backpflaumen im Amaretto erhitzen und auskühlen lassen.

Die Blätterteigscheiben auf die doppelte Länge ausrollen und jeweils vier gleich große Stücke daraus schneiden (Sie benötigen 8 insgesamt).

Den Blätterteigrand mit Ei bestreichen, die Backpflaumen mittig darauf legen und zur Tortelliniform falten, indem Sie den Teig erst zu einem Dreieck zusammenlegen, dann die Ecken der Längsseite noch miteinander verbinden und etwas zusammendrücken, damit es auch hält.

Nun in nicht zu heißem Öl ca. 4 Min. backen. Auf einem Küchenpapier abtropfen lassen und mit Puderzucker bestäuben.

Tipp:
Anstelle des Blätterteiges können Sie auch einen Hefe- oder Quarkölteig nehmen.

Armer Ritter à la Susanne
4 Pers.

6 Scheiben Brioche, diagonal durchschneiden
30 g Butter
30 g Zucker
1/4 l Sahne
3 Eier
40 g Zucker
2 Kiwanos (auch Hornmelone genannt)
2 cl weißen Portwein

Zubereitung:
Die Briochescheiben in Butter und Zucker anbraten und in eine gebutterte Auflaufform schichten.

Kiwanos halbieren und das Fruchtfleisch mit Hilfe eines Löffels herauslösen.

Das Fruchtfleisch mit Portwein, 40 g Zucker, Eiern und Sahne schaumig schlagen und über die Briochescheiben geben. Im Backofen bei 200°C ca. 15-17 Min. backen.

Tipp:
Die Kiwano ist eine der größten und wohlschmeckendsten Wildgurken. Vollreif ist die Schale orangengelb und das Fruchtfleisch grün und gallertartig. Geschmacklich ist es eine Mischung aus Banane und Limette mit einer leichten Gurkennote.

Anstelle der Kiwano können Sie auch Passionsfrüchte nehmen.

Frühlingsröllchen mit Mango und Minze
4 Pers.

1 Pck. Frühlingsrollenteig (in Asia-Shops erhältlich)
2 Mangos, schälen, in kleine Würfel schneiden
1 Bd. Minze, abzupfen und klein schneiden
1 Eiweiß
1 EL Mehl
5 EL Zucker
20 g Butter
1/8 l Sahne
Öl zum Frittieren

Zubereitung:
Eiweiß mit Mehl verquirlen, Mango mit Minze vermengen.

Frühlingsrollenblätter auf der Arbeitsfläche verteilen und die Mangomasse darauf geben, die Teigränder mit dem Eiweiß einstreichen und zu kleinen Röllchen aufrollen.

Diese im heißen Öl frittieren. Auf einem Küchentuch abtropfen lassen.

Zucker mit Butter karamellisieren, mit Sahne auffüllen und gut durchkochen lassen.

Frühlingsröllchen mit der Karamellsauce servieren.

Kaffee-Schaumomelett
mit weißem Kaffee-Eis
locker für 6 Pers.

6 Eier
100 g Zucker
1 kleine Tasse starker Kaffee
35 g Mehl
35 g Speisestärke

Für das Eis:
1 l Milch
6 Eigelb
200 g Zucker
1 kleine Tasse Kaffeebohnen

Zubereitung:
Milch mit Kaffeebohnen langsam zum Kochen bringen, Zucker mit Eigelb schaumig schlagen, die heiße Milch dazu reinsieben und kräftig rühren.

Die Masse auf dem Wasserbad zur Rose abrühren, unter Rühren abkühlen lassen und anschließend in die Eismaschine geben.

***Für das Omelette:** Eier mit Zucker schaumig schlagen, eine Tasse kalten Kaffee zugeben und vermengen, Mehl und Stärke darüber sieben und gründlich unterarbeiten.*

In kleinen gebutterten Pfannen backen, mit Puderzucker bestreuen und mit Eis servieren.

Schokoladen-Cognac-Küchlein
4–6 Pers.

4 Tafeln Zartbitterschokolade, in kleine Stücke brechen
100 g Butter, in kleine Stücke schneiden
4 cl Cognac
2 Eigelb
2 Eier
50 g Zucker
2 EL Mehl, durchsieben
Butter zum Einfetten
Mandelmehl zum Ausstäuben

Zubereitung:
Schokolade mit Butter im Wasserbad schmelzen und etwas abkühlen lassen.

Eier und Eigelb mit Zucker und Cognac mit einem Handrührgerät schaumig schlagen, die Schokolade und das gesiebte Mehl unterrühren.

4-6 Souffléförmchen ausbuttern und mit dem Mandelmehl ausstäuben. Die Masse reingeben und im vorgeheizten Backofen 7-8 Min. bei 225°C backen. Die Schokoladenküchlein müssen innen noch flüssig sein.
In Förmchen oder gestürzt servieren.

Tipp:
Mit süßer Schlagsahne oder Vanillesauce angerichtet, sind sie noch größere Freude fürs Auge und den Gaumen.

Betthupferl ohne Schlafrock

Enthält Dessertrezepte

Birnen-Vanillequiche mit Thymian
4 Pers.

2 Scheiben Blätterteig (Tiefkühl)
2 Birnen, schälen, entkernen und in Scheiben schneiden
1 Vanilleschote, Mark herauskratzen
1 Zweig frischer Thymian, abzupfen
1/4 l Sahne
5 Eier
100 g Zucker
2 EL Paniermehl

Zubereitung:
Vier kleine Auflaufförmchen ausbuttern.

Die Sahne mit Vanillemark, Eiern, Zucker und Thymian leicht schaumig schlagen.

Den Blätterteig ausrollen und die Förmchen damit auskleiden, mit der Gabel einstechen. Das Paniermehl darauf verteilen und mit Birnenscheiben bedecken.

Mit Sahne (Liaison) aufgießen.
Im vorgeheizten Backofen bei 200°C ca. 18–20 Min. backen.

Tipp:
Sie können auch alle anderen Sorten Obst oder Früchte dafür nehmen.

Erdbeerstrudel mit Mandeln in Pistaziensauce
4 Pers.

4 Strudelteig (auch unter dem Namen Filoteig bekannt)
1 Schale Erdbeeren, säubern und in Viertel schneiden
100 g Mandeln, in einer Pfanne ohne Fett rösten
100 g Marzipan, in kleine Würfel schneiden
1/2 l Milch
100 g Zucker
3 Eigelb
30 g gehackte Pistazien
20 g Butter, zerlassen und erwärmen
Puderzucker zum Bestäuben
Backblech mit Backpapier auslegen

Zubereitung:
Erdbeeren mit Mandeln und Marzipan vermengen.
Die Strudelblätter nebeneinander ausbreiten, mit Butter bestreichen, Erdbeeren auf das obere Drittel geben, seitlich einschlagen und von oben nach unten aufrollen. Mit Butter bestreichen und im vorgeheizten Backofen bei 180°C ca.15–17 Min. backen, zwischendurch wenden.

Anschließend mit Puderzucker bestäuben.

***Für die Sauce:** Milch in einem großen Topf erhitzen, Eigelb mit Zucker kräftig verrühren, einen Teil der heißen Milch zur Eiermasse geben und verrühren.*

Anschließend alles zusammen in den Topf mit der Milch zurückgeben und zur Rose abrühren, d. h. mit einem Holzlöffel die Milch-Eiermasse auf kleiner Flamme in Bewegung halten. Wenn die Masse anzieht und man auf dem Holzlöffel eine Rose blasen kann, dann ist sie fertig.

Jetzt kann man Pistazien zugeben und die Masse im kalten Wasser kalt rühren oder auch warm zum Strudel servieren.

Tipp:
Wenn Ihre Milch-Eiermasse (so macht man auch Vanillesauce) zu heiß geworden ist, was schnell passieren kann, schütten Sie sie mehrmals von einer großen Schüssel in eine andere und mixen zum Schluss mit einem Mixstab.

Apfelstücke im Kadaifteig
mit frittierter Minze
4–6 Pers.

1 Pck. Kadaifteig (rohe türkische Teigfäden)
3 Äpfel, schälen, entkernen und in Achtel schneiden
40 g zerlassene warme Butter
1 Bd. Minze, Blätter abzupfen
1 Pck. Himbeeren, Tiefkühlware
80 g Zucker
6 cl Himbeergeist
Öl zum Frittieren
Puderzucker zum Bestäuben

Zubereitung:
Den Kadaifteig auseinander ziehen, so dass man lange aneinander liegende Fäden hat. Die Apfelstücke darin einrollen, auf ein mit Backpapier ausgelegtes Backblech geben, Butter darüber träufeln und im vorgeheizten Backofen bei 180°C ca. 12-15 Min. backen, anschließend mit Puderzucker bestäuben.

Für die Sauce: *Himbeeren mit Zucker aufsetzen und durchkochen lassen, durchs Sieb streichen, wieder aufsetzen und etwas reduzieren.*

Zum Schluss Himbeergeist zugeben.

Die Minzeblätter im heißen Öl frittieren und anschließend auf ein Küchenpapier legen.

Tipp:
Anstatt Äpfel können Sie auch Birnen, Bananen oder Mango verwenden.

Die Sauce (Fruchtcoulis) kann aus allen Beerensorten, aus frischen wie auch aus tiefgekühlten, zubereitet werden.

Blätterteig-Birnentarte mit Pflaumenmus
4 Pers.

2 Scheiben Blätterteig
4 EL Pflaumenmus
2 reife Birnen, halbieren, Kerngehäuse entfernen
Puderzucker zum Bestäuben

Zubereitung:
Die aufgetauten Blätterteigscheiben dünn ausrollen, vier gleich große runde Stücke ausstechen und auf ein mit Backpapier ausgelegtes Backblech geben.

Das Pflaumenmus darauf verteilen, Birnenhälften zum Fächer aufschneiden und mittig auflegen.

Im vorgeheizten Backofen bei 200°C ca. 20 Min. backen.
Zum Schluss mit Puderzucker bestäuben.

Tipp:
Mit Eis oder Vanillesauce servieren.

Orangenscheiben im Schokoladen-Tempurateig
4 Pers.

4 Orangen, schälen und jeweils in drei Scheiben schneiden
1 Pck. Tempurateig (in Asia-Shops zu kaufen)
1 Ei
30 g Kakaopulver
50 g Zucker
Öl zum Frittieren
Puderzucker zum Bestäuben
Mehl zum Wenden

Zubereitung:
Tempurateig mit einem Glas Wasser, Ei, Zucker und Kakaopulver anrühren.

Orangenscheiben im Mehl wenden und durch den Tempurateig ziehen.

In heißem Öl ausbacken und diesen Vorgang nochmals wiederholen.

Anschließend auf einem Küchenpapier abtropfen lassen. Mit Puderzucker bestäuben.

Tipp:
Wem das so zu trocken ist, kann auch Eis, Fruchtsaucen, Vanillesauce oder Sabayone dazu servieren.

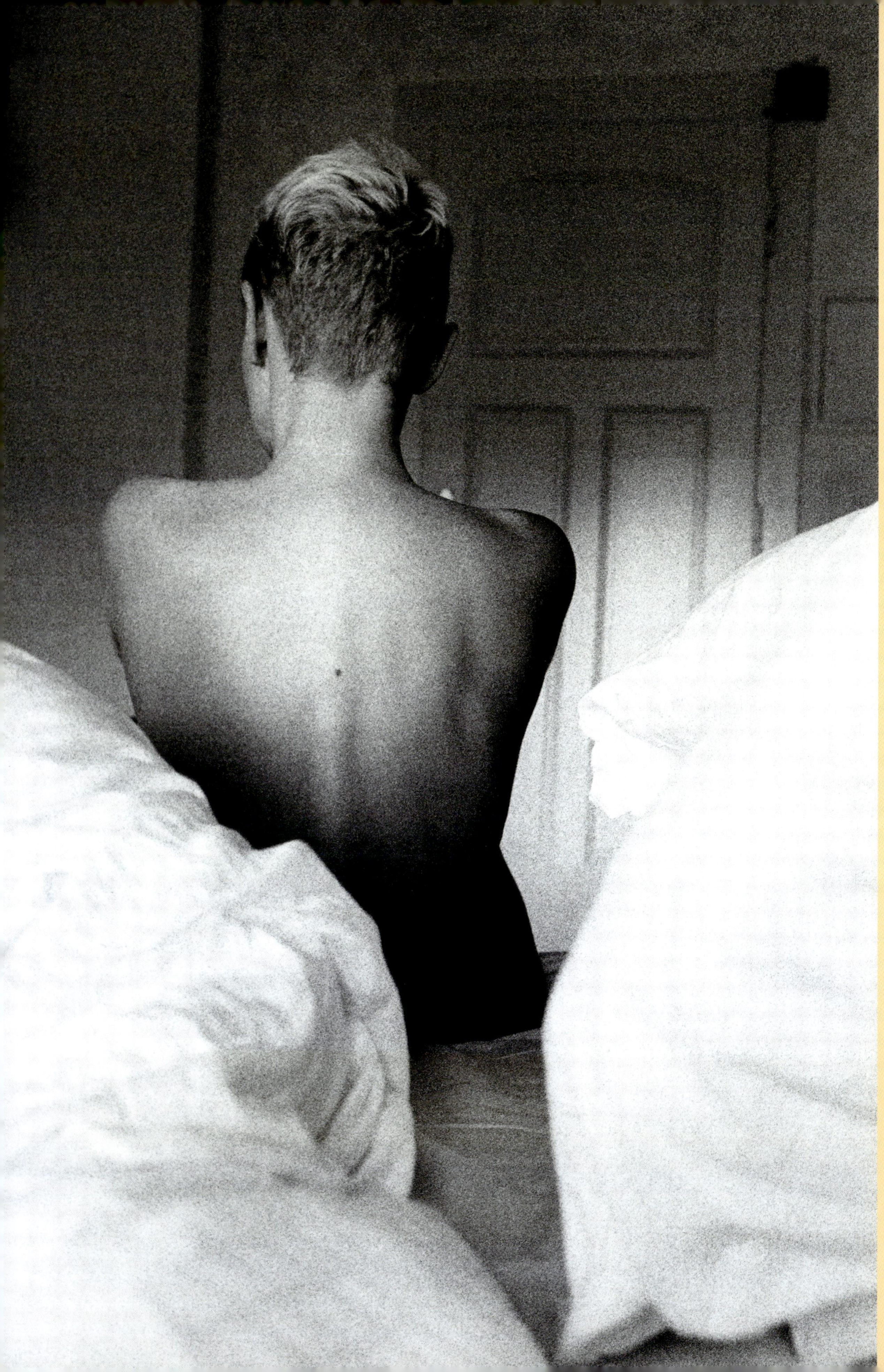

Betthupferl ohne Schlafrock

Enthält Dessertrezepte

Zum Vernaschen süß

Beinhaltet Soufflés und Sabayone

Schlabbernd schlürft und hinein ins weiche Gewöll, prüft kräftig, bäuchlings fällt viel. Und platscht mit klatschendem Gewürg und wildem Wahn ins Weiche. Ruft: »Soufflier du mir nit; den Text, den ausgekochten, kennt keiner!«, und verschwendet sich einen Schwan oder ein Schwein breit ans Verschwinden, glucksend vor Glück. Nascht vom nackichten Selbst sich in Rausch und dümpelt beinig ins Nächste. Und erwacht das Warme, und bissig beißt in die wabernde Blase bis bickt Nase und Flügel. Und Moll moduliert sich in Doll schnurgerade, grad' als wär's was. Wohl, Süß klebt, lebt glibbrig, brabbelt und brummt brünftig. Und rutscht erneut in den flüssigen, fließenden Flaum. Und wie da so steckt hirnüber im warm vibrierenden Berg und eins nur herausragt eichengleich, schnalzt Schmatzen Donnergrollen vom heißen Himmel auf blubbernde Backe, ergießt strömender Strom, packt nackt ins warm starrende Steife mit nächtigter Stimme, befiehlt: »Sabber ja ohne!«

Himbeersoufflé
8–10 Portionen

250 g Himbeeren
50 g Zucker
1/8 l Weißwein
25 g Vanillepuddingpulver
4 Eigelb
2 cl Himbeergeist
8 Eiweiß
50 g Zucker
Butter zum Einfetten der Förmchen

Zubereitung:
Himbeeren mit Zucker und Weißwein aufkochen, pürieren und auf die Hälfte reduzieren.

Die Masse mit Vanillepuddingpulver abbinden und auskühlen lassen.

Eigelb mit dem Himbeergeist unter die ausgekühlten Masse geben und gut vermengen.

Das Eiweiß mit Zucker zu einem steifen Eischnee schlagen und unter die Masse heben. In Soufflèförmchen so füllen, dass sie nur 3/4 voll sind.

In ein Wasserbad stellen und für ca. 20-25 Min. in den auf 200-220°C vorgeheizten Backofen geben.

Quarksoufflé mit marinierten Erdbeeren
4 Pers.

250 g Speisequark
150 g Zucker
1/2 Pck. Vanillepuddingpulver
3 Eigelb
3 Eiweiß, steif schlagen
1 Schale Erdbeeren, putzen, vierteln
Butter zum Einfetten der Formen
Zucker zum Ausstreuen der Formen
4 große Souffléformen

Zubereitung:
Die Souffléformen mit Butter ausbuttern, anschließend mit Zucker ausstreuen und wieder abschütten und für ein paar Minuten ins Kühlfach stellen.

Quark mit 100 g Zucker, dem Vanillepuddingpulver und Eigelb kräftig mit einem Schneebesen vermengen.

Das geschlagene Eiweiß unter die Masse heben und in die Souffléformen 3/4 voll füllen.

Den Backofen auf 220°C vorheizen, ein tiefes Backblech in den Ofen stellen und mit heißem Wasser füllen. Die Souffléformen auf das Blech setzen, so dass sie sich nicht berühren, den Ofen schließen und ca. 20-25 Min. backen.

Während des Backens den Backofen nicht öffnen, da die Soufflés sonst Zug bekommen und zusammenfallen könnten.

Erdbeeren mit 50 g Zucker zuckern und 15-20 Min. ziehen lassen. Wenn keine Kinder an diesem Erdbeeressen beteiligt sind, kann man noch 4-6 cl Wodka dazu geben.

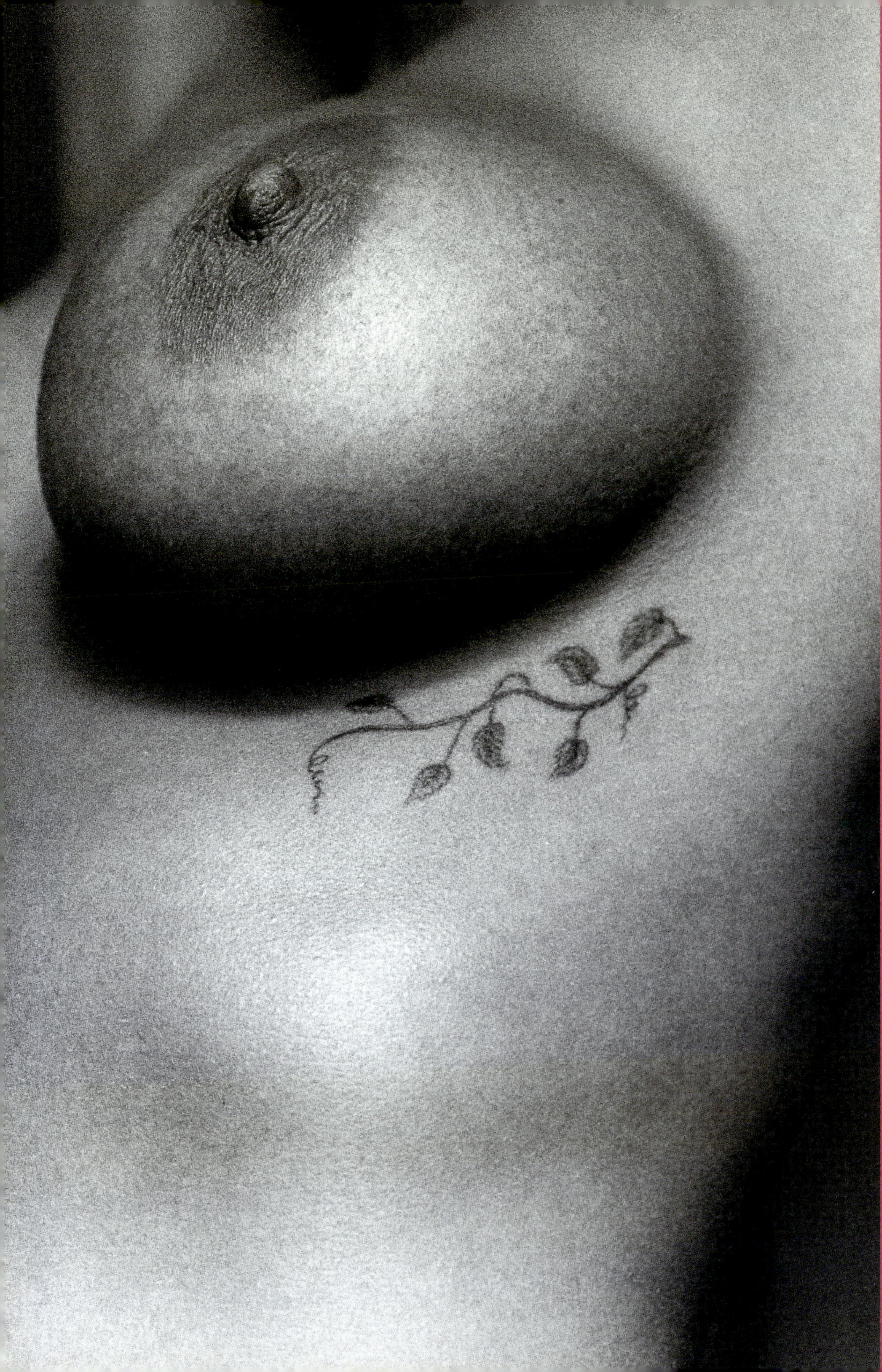

Zum Vernaschen süß

Beinhaltet Soufflés und Sabayone

Orangensabayone
4 Pers.

75 ml Orangensaft
30 g Zucker
6 cl Grand Marnier
3 Eigelb

Zubereitung:
Alle Zutaten in eine tiefe Cromagan-Schüssel geben und schaumig rühren. Auf einem Wasserbad mit Schneebesen oder Handrührgerät aufschlagen.

Man sollte darauf achten, dass die Masse nicht zu heiß wird, sonst stockt sie.

Tipp:
Man kann die Sabayone in Gläser abfüllen und so servieren, oder mit Grand Marnier über marinierte Orangenscheiben oder andere Früchten geben.

Erdbeersabayone mit Campari
4 Pers.

40 ml Weißwein
40 ml Erdbeerpüree
4 cl Campari
3 Eigelb
30 g Zucker

Zubereitung:
Alle Zutaten in eine tiefe Cromargan-Schüssel geben und schaumig rühren.

Im Wasserbad mit einem Schneebesen oder einem Handrührgerät aufschlagen.

Die Masse nicht zu heiß werden lassen, sonst gerinnt sie.

Tipp:
Die Sabayone in Gläser abfüllen oder mit frischen Erdbeeren reichen. Wenn man die Erdbeeren noch mit etwas Grappa oder weißem Rum mariniert und frische Minze zugibt, hat man ein schnelles und sehr geschmackvolles Dessert.

Das Erdbeerpüree können Sie aus frischen wie auch aus Tiefkühl-Erdbeeren herstellen. Man sollte die frischen oder aufgetauten Beeren nur mixen oder durch ein Sieb streichen.

Mangosoufflé
8 Pers.

250 g Mangofruchtfleisch
25 g Zucker
1/4 l Weißwein
20 g Vanillepuddingpulver
4 Eigelb
8 Eiweiß
50 g Zucker

Zubereitung:
Das Mangofruchtfleisch mit 25 g Zucker und Weißwein weich kochen, pürieren und auf die Hälfte reduzieren.

Die Mango-Masse mit Vanillepulver abbinden, auskühlen lassen und mit dem Eigelb vermengen.

8 Eiweiß mit 50 g Zucker zu Schnee schlagen und unter die Masse heben.

8 Förmchen ausbuttern und auszuckern. Die Förmchen mit der Masse 3/4 voll füllen, ins Wasserbad stellen und im vorgeheizten Backofen bei 200°C ca. 20–25 Min. backen.

Tipp:
Es ist ganz wichtig, dass die Förmchen nicht zu eng nebeneinander im Wasserbad stehen, sonst gehen die Soufflés nicht gleichmäßig auf.

Stachelbeersoufflé
8 Pers.

250 g Stachelbeeren
70 g Zucker
1/4 l Weißwein
25 g Vanillepuddingpulver
4 cl Wodka
4 Eigelb
8 Eiweiß
50 g Zucker

Zubereitung:
Stachelbeeren mit 70 g Zucker und Weißwein aufsetzen und weich kochen. Anschließend pürieren und auf die Hälfte reduzieren.

Mit Vanillepuddingpulver abbinden und Wodka zugeben.

4 Eigelb mit der ausgekühlten Masse vermengen.

8 Eiweiß mit 50 g Zucker zu Schnee schlagen und unter die Masse heben.

8 Förmchen ausbuttern und auszuckern und 3/4 voll mit der Masse füllen. Im vorgeheizten Backofen bei 200°C ca. 20–25 Min. im Wasserbad backen.

Die Förmchen sollten nicht zu dicht nebeneinander stehen, sonst gehen die Soufflés nicht gleichmäßig auf.

Pfefferminzsoufflé
8 Pers.
4 Eigelb
50 g Zucker
15 g Vanillepuddingpulver
10 g Mehl
1/4 l Milch
100 ml Pfefferminzlikör
8 Eiweiß
80 g Zucker

Pfefferminzsoufflé
8 Pers.

4 Eigelb
50 g Zucker
15 g Vanillepuddingpulver
10 g Mehl
1/4 l Milch
100 ml Pfefferminzlikör
8 Eiweiß
80 g Zucker

Zubereitung:

Eigelb und Zucker schaumig rühren, das Vanillepulver, Mehl und Milch beigeben und wie eine Konditorcreme oder Pudding kochen.

Pfefferminzlikör in die abgekühlte Creme einrühren.
Eiweiß mit 80 g Zucker zu Schnee schlagen und vorsichtig unter die Masse heben.

Förmchen ausbuttern und auszuckern und 3/4 voll mit der Masse füllen.

Im vorgeheizten Backofen bei 200°C im Wasserbad 20-25 Min. backen.

Die Förmchen dürfen nicht zu dicht nebeneinander stehen, sonst gehen die Soufflés nicht gleichmäßig auf.

Tipp:

Anstelle des Pfefferminzlikörs können Sie auch Eierlikör, Grand Marnier, Pêche Mignon oder andere Spirituosen verwenden.

Kakao-Quarksoufflé mit Minzelikör
4 Pers.

250 g Speisequark
150 g Zucker
1/2 Pck. Schokoladenpuddingpulver
3 EL bitterer Kakao
4 cl Minzelikör
3 Eigelb
3 Eiweiß, steif schlagen
1 Schale Erdbeeren, putzen, vierteln
Butter zum Ausstreichen der Formen
Zucker zum Ausstreuen der Formen
4 große Souffléformen

Zubereitung:
Die Souffléformen ausbuttern, mit Zucker einfüllen und wieder abschütten, und für ein paar Minuten ins Kühlfach stellen.

Quark mit Zucker, Schokopuddingpulver, Kakao, Minzelikör und Eigelb mit einem Schneebesen kräftig vermengen.

Das geschlagene Eiweiß unter die Masse heben und in die Souffléformen 3/4 voll füllen.

Den Backofen auf 220°C vorheizen, ein tiefes Backblech in den Ofen stellen und mit heißem Wasser füllen. Die Souffléformen auf das Blech setzen, so dass sie sich nicht berühren, den Ofen schließen und ca. 20-25 Min. backen.

In der Zwischenzeit den Backofen nicht öffnen, da sonst die Soufflés Zug bekommen und zusammenfallen können.

Passionsfruchtsabayone
4 Pers.

70 ml Weißwein
3 Passionsfrüchte
40 g Zucker
3 Eigelb

Zubereitung:
Passionsfrüchte halbieren, das Mark mit Hilfe eines Löffels herauslösen.

Alle Zutaten in eine Cromagan-Schüssel geben und schaumig rühren, mit Schneebesen oder einem Handrührgerät im Wasserbad aufschlagen. Die Masse nicht zu heiß werden lassen, sonst gerinnt sie.

Tipp:
Die Sabayone in Gläser abfüllen, oder auch zum Gratinieren von Obst oder Früchten nehmen.

Beispiel: *Frische Beeren auf einem Teller verteilen, die Sabayone darüber geben und in den Backofen bzw. unter den vorgeheizten Backofengrill zum Gratinieren stellen.*

Wenn Sie die Sabayon-Masse zum Gratinieren verwenden möchten, heben Sie noch 1/8 l geschlagene Sahne unter - damit wird die Creme noch feiner.

Zum Vernaschen süß

Beinhaltet Soufflés und Sabayone

Nachwort

Susannes Festessen

Was sind schon Rezepte? Rezepte zum Schreiben, zum Kochen, zum Leben? Es sind Anleitungen, Hilfsmittel ganz unterschiedlicher Art und Qualität, um mit Situationen fertig zu werden.
Aber reichen ein perfektes Rezept, das ausgeklügelte Wissen um eine Menüabfolge für einen gelungenen Abend, ein wirkliches Miteinander, gekrönt durch die oft ersehnte und doch ganz seltene Prise des Besonderen, der Erotik?

Ende der 80er Jahre erhielt der Film »Babettes Fest«, Regie Gabriel Axel, einen Oscar. Eine französische Pfarrerstochter flieht Ende des 18. Jahrhunderts mit ihrer Schwester an die dänische Küste ins Exil. Kein einfaches Leben. Ihre Waffe, und so finden wir es wieder in vielen anderen Filmen, ist die Küche. Hier und auf den Zungen der Gegner wird die Schlacht ausgetragen. Dabei schlagen Babette oder Tita, aus »Bittersüße Schokolade« oder Vianne in »Chocolat« ihre Feinde nicht, sondern sie erobern sie; und das ist ein feiner, aber sehr bedeutender Unterschied.

Ich bin mit Susanne schon länger als mein halbes Leben befreundet, weiß um ihre Strenge, darum, dass sie auf Handwerk schwört, es wirklich beherrscht, keineswegs aber blind darauf vertraut. Hingabe, Liebe und Erfahrung sind die magischen Zutaten, die aus einem Essen ein Festmahl werden lassen. Kühnheit, Witz, Phantasie und die Neugier auf unbekannte Blickwinkel, als weitere Ingredientien, verleihen ihm die nötige Leichtigkeit und schaffen so den Raum, in dem Erotik sich erst entwickeln kann.

Lesen Sie dieses Kochbuch nicht wie eine Gebrauchsanweisung, auch wenn ich sicher bin, dass Sie den Rezepten vertrauen dürfen. Das scheint mir sogar angeraten, gerade wenn Sie - wie ich - im Kochen nur mäßig geübt sind, denn so bleibt Ihnen mehr Zeit, sich den übrigen Zutaten für ein lustvolles Festmahl zu widmen. Lassen Sie sich einfach verführen, Ihre Eroberung wird es zu schätzen wissen.

Uta Klotz

Rezeptregister

M

O

P

Q

R

S

T

W

Z

Vita von Susanne Vössing

Beruflicher Werdegang

- Ausbildung zur Köchin in Warburg
- Köchin im Restaurant »Alt Warburg«
- commis Sommelière, »Kleines Restaurant im Oerschenhof«
- Privatköchin bei der Firma »Ziege« in Münster
- Chef de Partie im »Pavillon Montsouris« in Paris
- Sous-Chef de la Sauce im »Lucas Carton« in Paris
- Chef de Partie de Poisson im »La Coupole« in Paris
- Sous-Chef im »Restaurant Yvon« in Paris
- Küchenchefin im »Restaurant Le Marron« in Bonn
- Betriebsleiterin im »Delfter Haus« in Köln
- Küchenchefin im »Restaurant La Société« in Köln
- Küchenchefin im »Restaurant Yvon« in Paris
- Guest Chef Cook »Café Europe« in Key West/Florida

Besondere Qualifikationen:

- Studium mit Übersetzer-Diplom an der Sorbonne in Paris

derzeit:

- Freiberufliche Köchin
- Köchin beim »Kochduell« VOX
- Live Kochshows und Gastronomie-Events
- Food Styling im Bereich Film u. Foto
- Gastronomieberatung
- Rezeptentwicklungen
- Kochbuchautorin
- Kochkurse
- Lebt und arbeitet in Düsseldorf

Vita von Alex Majewski

Beruflicher Werdegang

- Ausbildung zum Fotografen
- Assistentenzeit bei versch. Fotografen (u.a. bei G. Vormwald)
- Selbständiger Fotograf seit Ende der Achtziger in den Bereichen Werbung, Portrait, Modefotografie
- Künstlerische Ausrichtung, Schwerpunkt »Portrait und Nude«
- Freiberufliche Produktionen für den Fernsehsender »VOX«
- Gründung mit Irene Andessner die Gruppe »I am« (www.i - - am.de)
- Gründung der Agentur und des Verlags »S V A M« mit Susanne Vössing

Künstlerische Arbeiten:

- Foto Arbeiten in Köln »Künstler«
- Foto Arbeiten in Berlin Portrait »Petra Peschkes«
- Foto Arbeiten in Düsseldorf/Köln »Nude«
- Foto Arbeiten in Paris »Stadtportraits«
- Foto Arbeiten auf Lanzerote Portrait »Cesare Manrique«
- Foto Arbeiten in München »Der wilde Schein« Susanne Wiebe und H. M. Bachmayer
- Foto Arbeiten in Bonn, Buch zur Ausstellung »Die verlassenen Schuhe« mit Prof. Klaus Honnef
- Foto Arbeiten in West Papua Neuguineas und Indonesien Portrait »Menschen«
- Foto Arbeiten in Köln Wien und Salzburg mit Irene Andessner
- Foto Arbeiten in Paris »Koch-Diary 2001« und »Kochbuch der Sinnlichkeit« mit Susanne Vössing
- Foto Arbeiten in Paris/Rom/Wien »STREETS«

derzeit:

- Lebt und arbeitet in Düsseldorf
- Projekt »STREETS«

News und Infos von Susanne Vössing und Alex Majewski im Internet unter:
www.susanne-voessing.de und www.alex-majewski.de

Dank an:
• Herrn Hirsch, Fürstenberg-Porzellan, [www.fuerstenberg-porzellan.de] • Herrn u. Frau Hogh, Handelsagentur CDH, Köln • AG, Töpfe & Pfannen, Schweiz, [www.springag.de] • Herrn Romanowski, Global-Messer, [www.kochmesser.de] • Herrn Schütze, Spiegelau-Gläser, [www.spiegelau-glas.de] • Frau Monika Brune und Frau Vivian May von Blume-PR, Hamburg • KitchenAid, Belgien, [www.kitchenaid.com] • Herrn Ralf Bos, Bos-Food, [www.bosfood.de] • Frau Dorothea Probst, Probst-Porzellan, [www.probst-porzellan.de] • Frau Ragge, Hotel Savoy, Köln • Frau Manuela Ferling, Management-Büro, [www.kochende-leidenschaft.de] • Herrn Siegfried Reddel – Mediterana, [www.mediterana.de] • Herrn Wolfgang Gretz, Maybach, essen & trinken, Köln • Herrn Rolf Lange, Volksbank, Borgentreich • Robbe & Berking Silbermanufaktur, Besteck, Flensburg

Der neue Speiseteller von Susanne Vössing aus der Dekor-Linie: Su Vössing
Fürstenberg Form: Herzog Ferdinand, zu beziehen in allen guten Fachgeschäften.